L'HARMONIE

PRATIQUE

6#

L'HARMONIE PRATIQUE,

OU

EXEMPLES

POUR LE TRAITÉ DES ACCORDS,

PAR M. ROUSSIER, Chanoine d'Ecouis.

Mis au jour par M. BAILLEUX.

A PARIS,

Chez L'ÉDITEUR, Marchand de Musique ordinaire des Menus-Plaisirs du Roi, rue S. Honoré, à la Régle d'or.

A LYON, chez M. CASTAUD.

A TOULOUSE, chez M. BRUNET.

A BORDEAUX, à BRUXELLES, & à LILLE,
Chez les Marchands de Musique.

AVERTISSEMENT.

CES exemples ſont diviſés en deux parties : la premiére embraſſe, dans ſoixante-ſeize exemples particuliers, les différentes ſuites d'accords énoncées dans la ſeconde & la troiſieme partie du Traité, c'eſt-à-dire, toutes les ſucceſſions fondamentales ou primitives, que fourniſſent les principes de l'Harmonie. La ſeconde partie de ces exemples, en préſentant de nouveau chacune de ces ſucceſſions en particuliers comme une phraſe, ou, ſi l'on veut, une propoſition d'harmonie généralement admiſe ; offre, dans la même planche, divers traits de baſſe-continue, dont les accords, réputés différens par ceux à qui le ſyſtême de Rameau eſt encore inconnu, ne ſont dans le fond qu'une combinaiſon, une modification différente de l'harmonie primitive qui les produit ; & pour le dire en un mot, ne ſont que comme autant de corollaires de la propoſition qui les précéde.

Ces différentes modifications d'une même harmonie, ces différentes ſuites d'accords, je les ai appellées *ſuites dérivées*, tant pour en donner une idée plus juſte à ceux qui étudient nos principes, ou qui en ont quelque teinture, que pour mettre une fois dans tout ſon jour l'état d'enfance où eſt encore l'Harmonie chez la plupart de nos voiſins, quoique nos Maîtres en matiere de Chant, mais chez qui celles de ces ſuites qui leur ſont connues, ſont conſtamment regardées comme autant d'harmonies propres, abſolues, & qui n'ont rien de commun les unes avec les autres (*a*).

Parmi ces ſuites d'accords que j'appelle *dérivées*, il y en a que la tournure impropre, le chant trop dur ou la marche vicieuſe de la baſſe ne permettent pas d'employer. Non-ſeulement je les ai ſéparées des autres, les diſtinguant même par des notes noircies; mais j'ai eu ſoin encore de mettre toujours à leur tête, *ſuites à rejetter :* ces mots n'ont pas, ſans doute, beſoin d'explication.

Mais ſi ces dernieres ſuites, pourroit-on me

(a) Il ſe paſſera peut-être plus d'un ſiecle avant que le mérite des découvertes de Rameau ſoit bien connu en France. Il faudroit pour cela que ſes Ecrits ſur l'Harmonie fuſſent traduits en Italien; qu'enſuite les principes contenus dans ces Ecrits fuſſent enſeignés dans les différentes écoles d'Italie, pour que de-là la ſcience de l'Harmonie, ramenée en France, pût être appréciée par la Nation.

dire, ne peuvent être employées, ſoit comme peu naturelles, ſoit comme vicieuſes, &c. pourquoi les mettre en exemples ? Pluſieurs raiſons m'y ont déterminé : d'abord, c'eſt qu'on aura ainſi ſous les yeux toutes les combinaiſons poſſibles d'une même harmonie primitive ; & qu'en ſupprimant celles que je regarde comme devant être rejettées, telle ſuite ſupprimée, qui ſe ſeroit préſentée à l'eſprit de quelqu'un comme légitime, auroit pu paroître une omiſſion de ma part, & ſur cette idée être employée, ou, tout au moins, jetter dans l'incertitude ; au lieu qu'avec le plan que je me ſuis fait, on aura le tableau entier de tout ce qui dérive d'une même harmonie primitive, connue & non conteſtée : ce qui eſt légitime, écrit en notes blanches ; ce qui eſt à rejetter, écrit en notes noircies.

En ſecond lieu, & c'eſt ici une des principales raiſons : parmi les ſuites que j'ai rangées ſous cette claſſe, il y en a pluſieurs dont un compoſiteur un peu exercé pourra faire uſage, en diſpoſant la baſſe de maniere à faire diſparoître l'impropriété ou le vice qui empêchent de les employer nuement, comme elles ſont expoſées dans les exemples.

Pour donner quelque développement à ce que je veux dire ici, on trouvera à la fin de l'ouvrage, *planche* 110, un exemple particulier, touchant la maniere d'employer légitimement, dans une basse figurée, quelques suites d'accords proscrites dans les exemples, prises parmi les suites à rejetter.

Le peu d'objets que renferme cet exemple, pourra suffire aux compositeurs qui savent manier un passage, pour trouver d'eux-mêmes mille moyens de rendre légitimes une infinité d'autres suites de ce genre. Un plus long détail à cet égard seroit du ressort de ce qu'on appelle *la composition*, & n'appartient nullement à l'Harmonie qui est l'objet de mon Traité & de ces exemples.

D'après cette observation, & d'après l'idée que je viens de donner de ces mêmes exemples, on peut les regarder comme un code d'Harmonie pratique, dont le Traité seroit la théorie. Aussi ne doit-on pas se persuader qu'il suffise de parcourir ces exemples, ou même de les étudier, pour devenir harmoniste, si on ne consulte dans le Traité des Accords les regles de succession qui leur correspondent (*a*). C'est dans cette vue que

(*a*) Ce sont encore ici, comme on voit, les mêmes craintes que j'ai témoignées à la fin de mon Traité, *page* 118, en parlant d'exemples qu'on auroit pu souhaiter pour l'emploi de certains accords. *Je craindrois*, ai-je dit, *que ces exemples ne devinssent une source d'écarts pour ceux qui ne s'instruisent*

j'ai mis au-devant des trois premiéres planches, un précis des ſucceſſions énoncées dans le Traité. On peut, à la rigueur, ſe contenter de ce *précis*, pour l'intelligence des exemples; mais il faut néceſſairement recourir aux endroits du Traité auxquels je renvoye dans les notes marginales qui accompagnent le Précis, ſi on veut & plus de détail & plus de développement touchant les regles de ſucceſſion. Enfin, pour ſe former une ſorte de tableau de la ſcience de l'Harmonie, on n'a qu'à lire avec attention la *Table des Articles*, qu'on trouvera à la planche 7; elle préſente, dans le même ordre que les exemples, tout ce qui conſtitue cette ſcience : on ſait que le mot *harmonie* ne ſignifie aujourd'hui autre choſe que la ſucceſſion ou l'entrelacement des accords. « On appelle *accord*, dit ſi bien M. » d'Alembert, le mêlange de pluſieurs ſons qui » ſe font entendre à la fois; & l'*harmonie* eſt » proprement une *ſuite d'accords*, qui, en ſe ſuc- » cédant, flattent l'organe ». *Élémens de Muſique, page* 1.

---

que par les yeux. Dieu veuille qu'avec les exemples que je donne aujourd'hui, à la ſollicitation de pluſieurs Muſiciens, nous ne contribuyons pas plutôt à la décadence qu'aux progrès de l'Harmonie, ſi d'autres Muſiciens ſe contentent d'y jetter les yeux ſans conſulter les regles dont ils dépendent.

Mais ſi les développemens que contient le Traité, contribuent à faciliter l'intelligence des exemples, je penſe qu'à leur tour ces exemples acheveront de donner au Traité toute la clarté que les perſonnes, qui n'ont pas l'habitude des livres, n'ont pu y voir.

Au reſte, j'ai ſupprimé ici tout ce qui concerne les tranſitions énarmoniques. On en trouvera aiſément la raiſon dans mes *Obſervations ſur différens points d'harmonie; cinquieme Obſ.* §. 2, *page* 165. On peut voir d'ailleurs dans mon *Mémoire ſur la Muſique des Anciens; note* 35, §. 190, *page* 202, ce que j'ai dit du genre énarmonique même pris dans l'idée qu'en avoient les Grecs, & dont notre genre énarmonique, dans le ſens que pluſieurs l'entendent, n'eſt qu'une abſurde imitation; & pour l'apprendre ici à ceux qui ne le ſavent pas, une mauvaiſe imitation d'une mauvaiſe choſe.

Les vrais harmoniſtes ne ſe plaindront pas ſans doute de cette ſuppreſſion; outre qu'il eſt toujours louable de renoncer à ce qui eſt mauvais, ils trouveront, parmi un aſſez grand nombre de phraſes d'harmonie que préſentent ces exemples, pluſieurs ſucceſſions d'accords qui leur étoient peut-être inconnues, & qui pourront les dédommager d'une harmonie fondée uniquement ſur l'imperfection & l'état de barbarie où ſont encore nos inſtrumens à touches, qui, de deux ſons très-différens, & dont l'intonation de l'un n'eſt pas l'intonation de l'autre, comme ſeroient un *re-diéſe*, par exemple, & un *mi-bémol*, un *ſi-diéſe* & un *ut*, veulent n'en faire qu'un ſeul & même ſon. Abſurdité à laquelle les Muſiciens auroient bien dû renoncer depuis long-tems, pour ne pas entretenir les Facteurs d'Inſtrumens dans une erreur dont certainement ils ne ſont pas comptables, n'étant pas obligés d'être Muſiciens, encore moins d'en ſavoir plus à cet égard que les Muſiciens.

Je ne dois pas me diſſimuler ici, avant de finir, qu'un aſſez grand nombre de ſuites que j'ai données comme praticables, pourroient bien ne pas paroître telles à certains compoſiteurs. De même parmi celles qui ſont à rejetter, il y en aura peut-être quelques-unes que d'autres compoſiteurs regarderont comme très-légitimes, par la raiſon, bien forte pour la plupart, que beaucoup de Muſiciens les employent dans leurs Ouvrages. Mais j'ai déja fait connoître dans divers endroits de mon Traité, qu'en pouſſant la ſucceſſion des accords au-delà des bornes connues, je n'ai pas pour cela admis ni dû admettre tout ce que la routine eſt en uſage de pratiquer. On peut voir ce que j'ai dit à ce ſujet, ſoit à la *note 56, page*

146 & 148 *du Traité*; ſoit dans la *remarque de la page* 129 du même Ouvrage; & j'ajouterai qu'en donnant aujourd'hui ces exemples, j'ai ſuppoſé des Lecteurs, ou inſtruits des principes de l'Harmonie, ou qui voudront s'en inſtruire. Or, j'ai tiré de ces principes, je le répete, tout ce qui, ſans les forcer, peut en être regardé comme une extenſion légitime; en un mot, tout ce qu'ils ont pu raiſonnablement me fournir, ſans égard à ce que la routine ou l'uſage ne connuſſent pas telle ou telle ſuite d'accords, ni à ce que l'impéritie, l'ignorance ou une imitation aveugle euſſent adopté, ou même conſacré, telle autre ſuite d'accords. Ces ſortes de motifs, bien que la grande regle de la plupart des compoſiteurs, ſont abſolument étrangers aux principes de l'Harmonie ſur leſquels portent & mon Traité & ces exemples.

Aſſez long-tems l'Harmonie, ou pour mieux dire, ce qui en tenoit lieu, a été une affaire de tâtonnement, de tradition mal énoncée & mal conçue, de coutume locale & différente dans les diverſes écoles, en un mot une routine aveugle & ſans guide; mais cette Harmonie, devenue aujourd'hui une ſcience, a ſes principes, ſes regles, ſes démonſtrations comme les autres. Or tout ce qui eſt ſcience, tout ce qui eſt principe, ne ſauroit dépendre d'aucun uſage particulier, d'aucune routine; c'eſt, au contraire, à cette routine de s'élever vers la ſcience, ſoit pour rectifier ſes procédés, ſoit pour s'enrichir d'une infinité d'objets qui lui manquent.

Qu'on compare le nombre prodigieux de paſſages d'harmonie que préſentent ces exemples(*a*), avec les trente ou quarante paſſages auxquels ſe réduiſent les connoiſſances du plus grand nombre de compoſiteurs, ſi on en rejette, comme cela doit être, tout ce qui eſt évidemment contraire aux premiers préceptes de l'Art, & au ſentiment de l'oreille la moins exercée à l'Harmonie (*b*); & l'on jugera entre la ſcience & le tâ-

---

(*a*) On trouvera dans ces exemples, parmi les ſuites dérivées, plus de neuf cens phraſes ou paſſages d'Harmonie, en ne comptant que pour un, ceux qui ſont communs au mode majeur & au mode mineur, qui néanmoins ſont autant d'expreſſions différentes pour l'oreille. Qu'on joigne à ce nombre les ſuites primitives & une multitude d'autres paſſages, pris dans les *ſuites à rejetter*, mais qu'on peut rendre légitimes par les moyens indiqués à l'exemple de la page 110, on aura aiſément plus de mille phraſes ou traits d'Harmonie très-praticable &, ſans contredit, très-réguliere, puiſque ces phraſes ne ſont que le réſultat des regles expoſées, ſoit dans le Traité, ſoit dans le *Précis* qui eſt à la tête de ces exemples.

(*b*) Comme ſeroit, par exemple, dans l'Opéra d'Iphigénie, le paſſage *ſi-bémol*, *ſi-béquarre*, & *ut*, de la page 139, répété dans le chœur & ailleurs, où le *ſi-bémol* portant

tonnement, entre les principes & la tradition, entre les regles & la routine.

---

l'accord de Triton, paſſe au *ſi-béquarre*; & ce *ſi*, qui porte un accord de ſeptieme diminuée, aboutit de ſon côté à l'*ut*, portant l'accord de ſixte-quarte; ce qui, en accords primitifs, dits fondamentaux, donne la ſucceſſion abſurde *ut ſi fa*: l'*ut* portant l'accord ſenſible de ſeptieme, le *ſi* celui de ſeptieme diminuée, & le *fa*, l'accord-parfait majeur. Auſſi voit-on dans les parties ſupérieures le *la-bémol*, ſeptieme diminuée de *ſi*, monter d'un demi-ton ſur un *la-béquarre*, ſans doute pour ſe moquer de la baſſe, qui, de *ſi-bémol* portant Triton, monte, avec tant de confiance, au *ſi-béquarre*.

On ne prendra pas non plus, je penſe, pour de l'harmonie, un accord parfait d'*ut*, par exemple, ſuccédant à la dominante *re*, ainſi que dans le paſſage de la page 113 du même Ouvrage, où le chant *ſol la fa-diéſe ſol* porte pour baſſe *mi ut re ut*, au lieu de *mi ut re ſol*, ou de toute autre baſſe légitime qu'on peut y ſous-entendre; & malheureuſement la fauſſe baſſe *mi ut re ut*, on ne peut la prendre pour une faute du graveur, pour l'omiſſion de quelque choſe entre le *re* & le dernier *ut*, puiſque ce même trait ſe trouve répété en différens modes, ſoit à la page 117, ſoit dans d'autres endroits.

Enfin on ne croira pas ſans doute voir une cadence rompue dans des paſſages comme celui de la ſeconde accolade de la page 215 du même Ouvrage, où d'un *re* dominante-tonique l'on paſſe à un *mi* qui, au lieu d'être dans ſa propre harmonie, repréſente par ſon accord de petite ſixte majeure *mi ſol la ut-diéſe*, l'accord primitif & fondamental *la ut-diéſe mi ſol*; d'où l'on a, pour la baſſe *re mi*, la ſucceſſion fondamentale rétrograde de *re* dominante, à *la*, autre dominante. Succeſſion que l'Harmonie ne ſauroit admettre, puiſque la diſſonnance *ut* de la dominante *re*, non-ſeulement ne peut être ſauvée par le vice de la ſucceſſion, mais ſe trouveroit de plus forcée, cette diſſonnance, de monter d'un demi-ton, ainſi qu'au paſſage de la page 139, de monter à l'*ut-diéſe* au lieu de deſcendre.

Diroit-on que pour obvier à cette incongruité, il ſeroit aiſé, dans ce cas, de retrancher l'*ut*, de ſupprimer la diſſonnance de la dominante *re* ? Tout harmoniſte répondroit à cela qu'une telle ineptie ne ſeroit ni moindre, ni moins choquante que l'incongruité qu'on voudroit éviter. Premierement parce qu'un *re* n'eſt pas dominante, s'il ne porte une ſeptieme. En ſecond lieu, parce que le compoſiteur a beau retrancher cette ſeptieme dans un cas pareil à celui-ci, l'oreille, indépendamment des principes, l'y ſupplée & l'y ſous-entend toujours, comme ſi elle y étoit réellement & le plus expreſſément énoncée. D'un autre côté les accompagnateurs du clavecin ne manqueroient pas de dire que, ſur-tout dans le cas d'une cadence, comme il en eſt queſtion ici, ils ont grand ſoin de faire entendre cette ſeptieme dans l'accord de la dominante ; puiſqu'ils n'ont que ce moyen ſoit pour faire prendre à l'auditeur une note comme dominante, ſoit pour annoncer une cadence ; & cela ſans conſulter même l'idée particuliere de l'auteur qu'ils accompagnent, & ſans égard à l'embarras ou aux autres motifs qui ont pu lui faire retrancher de ſon accord une diſſonnance ſi eſſentielle à l'Harmonie, ſi néceſſaire dans toute cadence, ſoit finale, ſoit rompue, ſoit interrompue ; & ſans laquelle, au lieu de cadence, au lieu d'une concluſion de phraſe, on n'auroit plus au contraire qu'une *tranſition*, qu'un commencement de phraſe harmonique, que le paſſage enfin d'un accord parfait à telle ou telle autre choſe ; & pour le dire en un mot on n'auroit plus que l'action de commencer, au lieu de l'action de finir : *Il principiare in vece del finire.* Voyez dans la ſeconde Partie du Traité des Accords, chap. 2, page 117, ce que c'eſt que *tranſition*.

Mais, de telles harmonies, dirai-je à mon tour, ſeroient-elles donc une des raiſons pour leſquelles on n'accompagne plus gueres les baſſes aujourd'hui, & pour leſquelles la plupart des Auteurs ne les chiffrent pas ? En tout cas, j'oſe eſpérer que les différens paſſages de vraie Harmonie qu'offrent ces exemples, fourniront aſſez de matériaux aux compoſiteurs pour qu'ils puiſſent faire des baſſes à l'épreuve de l'accompagnement. Ce ſera alors, ſans doute, qu'on reprendra plus généralement l'uſage des baſſes chiffrées, & que la connoiſſance d'une ſi belle choſe que l'Harmonie, ſe répandant d'avantage, un plus grand nombre d'hommes ſeront en état d'apprécier & les Ouvrages des compoſiteurs harmoniſtes, & les productions bornées & trop groſſierement fautives des compoſiteurs ſans principes.

Délivré le préſent Avertiſſement *pour être remis entre les mains de M.* BAILLEUX*, Éditeur de l'Ouvrage. A* ÉCOUIS*, le* 10 *Septembre* 1775.

ROUSSIER.

Lu & approuvé, ce 28 Octobre 1775. CREBILLON.

Vu l'Approbation, permis d'imprimer, ce 1 *Nov.* 1775.

ALBERT.

EXEMPLES

EXEMPLES
POUR
LE TRAITÉ DES ACCORDS.

PRÉCIS des Régles de succession auxquelles se rapportent les Exemples.

Du passage d'une Tonique à une autre, hors le cas de modulation.

Traité, pag. 128, I. Régle. L'ON peut passer d'une Tonique à un autre, par tous les intervalles consonans, c'est-à-dire, par ceux de Tierce, de Quarte, de Quinte & de Sixte; Exemple I.

Du passage d'une Tonique à une Dominante-tonique.

Page 130, II. Régle. L'on peut passer d'une Tonique à sa Dominante, Ex. 2; ou bien à une nouvelle Dominante, soit en rendant dominante la Tonique elle-même, Ex. 3, soit en y arrivant par toutes sortes d'intervalles, Exemples 4, 5, 6, 7, 8, pourvû qu'on observe dans ce cas le rapport des modulations (Exemples 4, 5, 8), ou que la Septiéme de la Dominante où l'on passe ait été entendue comme Tierce mineure, ou comme Quinte, de la Tonique que l'on quitte. (Exemples 6, 7.)

Du passage d'une Tonique à une Soûdominante.

Page 131, III. Régle. L'on peut passer d'une Tonique à sa Soûdominante, Ex. 9; ou bien à une nouvelle Soûdominante, soit en rendant telle la Tonique elle-même, Ex. 10, soit en y arrivant par des intervalles consonans, & ayant égard au rapport des modulations, Exemples 11, 12, 13.

Du passage d'une Tonique à une Simple-dominante.

Page 131, IV. Régle. L'on ne peut passer d'une Tonique à une Simple-dominante que par les intervalles de Tierce, de Quinte & de Septiéme, en descendant, ou leurs synonymes; Exemples, 14, 15, 16.

Des Cadences.

Page 133, Section I. Une Dominante doit descendre de Quinte sur sa Tonique, Ex. 17; elle peut monter de Seconde sur une autre Tonique, Ex. 18, ou descendre de Tierce sur une Simple-dominante, Ex. 19. Une Soû-dominante doit monter de Quinte sur sa Tonique, Ex. 20.

Des Imitations de cadences.

Page 134, Section II. Une Simple-dominante doit descendre de Quinte sur une autre dominante, soit Simple, Ex. 21, soit Dominante tonique, Ex. 22. Elle peut monter de seconde sur une Dominante-simple, Ex. 23, ou une Dominante-tonique Ex. 24; ou y descendre de Tierce, Exemples 25, 26.

Exemple I.
Ex. 2.
Ex. 3.
De 3.ce de 4.te de 5.te de 6.te
Mode Majeur.
N.o I. N.o II. N.o III. N.o IV.
Mode Mineur.
Ex. 4. 5. 6. 7. 8. 9. 10.
Voyez Ex. 2.
De 2.de de 3.ce de 4.te de 5.te de 6.te de 7.me
Voyez Ex. 2.
11. 12. 13. 14. 15. 16. 17.
Voyez Ex. 9.
De 3.ce de 4.te de 5.te de 6.te De 3.ce de 5.te de 7.me
Voyez Ex. 9.
ou
18. 19. 20. 21. 22. 23. 24. 25. 26.
ou

Des Cadences évitées.

Traité, p. 135, Sect. III. Dans la cadence-parfaite, on peut rendre la Tonique ſur laquelle on arrive, 1°. Simple-dominante, excepté en Mode mineur, Ex. 27; 2°. Dominante-tonique, Ex. 28; 3°. Soûdominante, Ex. 29. Dans la cadence-imparfaite, on peut rendre la Tonique ſur laquelle on arrive, 1°. Dominante-tonique, Ex. 30; 2°. Soûdominante, Ex 31. Dans la cadence-rompue, on peut rendre la note ſur laquelle on arrive, 1°. Simple-dominante, Ex. 32; 2°. Soûdominante, excepté en Mode mineur, lorſque la Dominante monte d'un ton, Ex. 33; 3°. Dominante-tonique, excepté encore dans le mode mineur, lorſque la Dominante monte d'un demi-ton, Ex. 34. Dans la cadence interrompue, on peut rendre la note ſur laquelle on arrive, 1°. Dominante-tonique, Ex. 35; 2°. Soûdominante, mais ſeulement dans le Mode mineur, ou lorſque, dans le majeur, on veut deſcendre de Tierce majeure, Ex. 36.

Maniere de ſuſpendre la Cadence-parfaite.

Pag. 136, premier & deuxiéme alinea. Dans le Mode majeur, la Dominante-tonique peut être changée en Soûdominante d'un autre Mode majeur, Ex. 37, ou en Soûdominante d'un Mode mineur, Ex. 38. Dans le Mode mineur, la même Dominante ne peut être changée qu'en Soûdominante d'un autre Mode mineur, même Exemple (38).

Maniere de ſuſpendre les Imitations de cadences.

Pag. 137, §. I. Une Simple-dominante peut être changée, 1°. en Dominante-tonique, Ex. 39; 2°. en Soûdominante, Ex. 40. Il faut obſerver dans ces deux cas le rapport des Modulations.

Maniere d'éviter l'Imitation de Cadence-interrompue.

Pag. 139, §. II. Dans l'imitation de Cadence-interrompue, on peut rendre Soûdominante, ſoit d'un Mode majeur, ſoit d'un Mode mineur, la note ſur laquelle on arrive, en obſervant néanmoins le rapport des modulations, Ex. 41, 42.

EMPLOI DE LA SEPTIÉME DIMINUÉE.

Premiere Régle.

Pag. 141. Dans les Modes mineurs, & dans tous les cas où l'on paſſe à un accord-ſenſible, appartenant à un Mode mineur, on peut, au lieu de cet accord-ſenſible, employer ſur ſa Tierce l'accord de Septiéme-diminuée, Ex. 43 & ſuivans, juſqu'à 57.

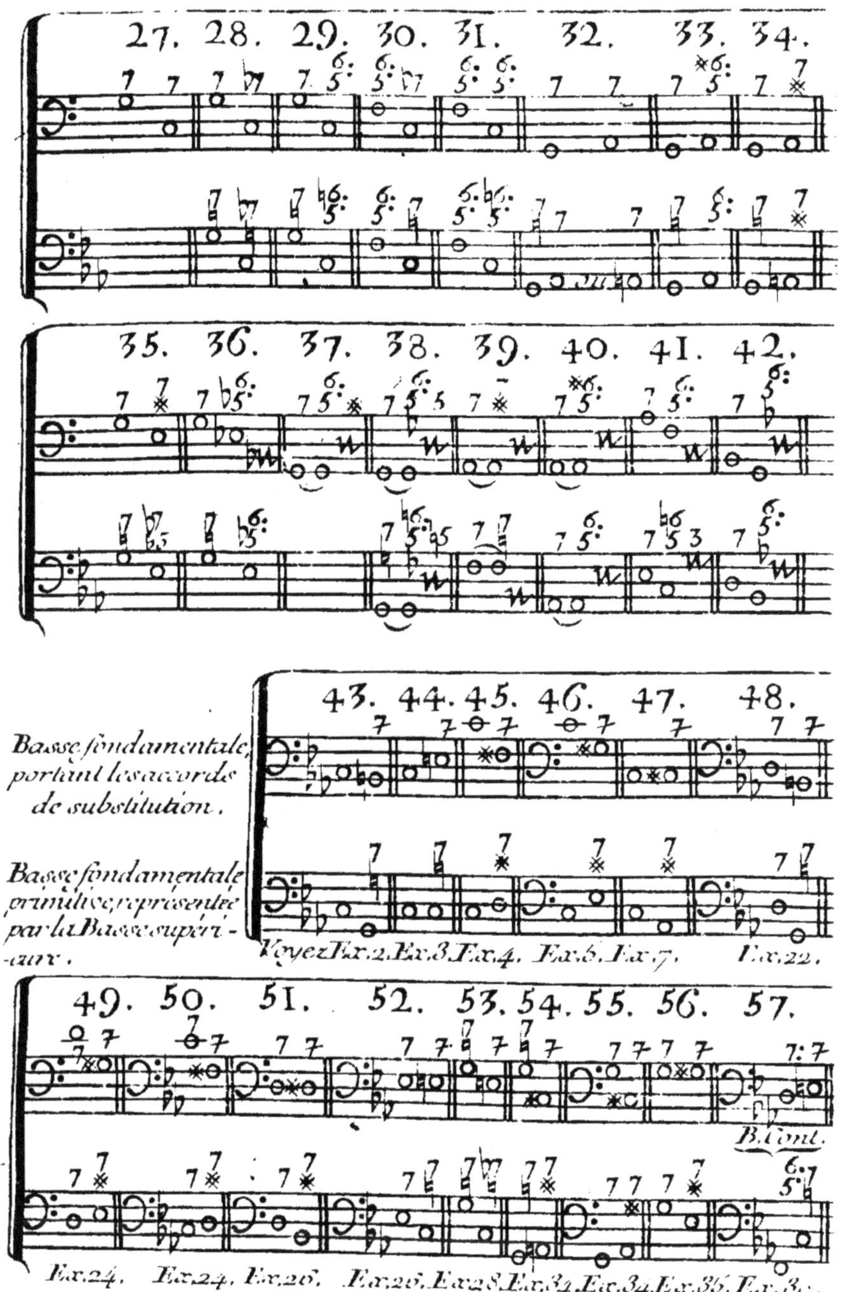
27. 28. 29. 30. 31. 32. 33. 34.
35. 36. 37. 38. 39. 40. 41. 42.
43. 44. 45. 46. 47. 48.
Basse fondamentale, portant les accords de substitution.
Basse fondamentale primitive, représentée par la Basse supéri-eure.
Voyez Ex.2. Ex.3. Ex.4. Ex.5. Ex.7. Ex.22.
49. 50. 51. 52. 53. 54. 55. 56. 57.
B. Cont.
Ex.24. Ex.24. Ex.26. Ex.26. Ex.28. Ex.34. Ex.34. Ex.35. Ex.3.

Seconde Régle.

Traité, p. 141, 142. On peut passer de l'accord-sensible d'un Mode mineur, à celui de Septiéme-diminuée de sa Tierce, Ex. 58, & de l'accord de Septiéme-diminuée, passer au sensible, Ex. 59.

Troisiéme Régle.

Pag. 142. On peut employer plusieurs Septiémes-diminuées de suite; Ex. 60.

Quatriéme Régle.

Ibid. On peut, d'un accord de Simple-septiéme, passer à celui de Septiéme-diminuée de sa Tierce, qu'on rendra majeure, si elle ne l'est pas, Ex. 61.

Régles de Succession.

Pag. 143. On doit donner à l'accord de Septiéme-diminuée les mêmes successions qu'on donneroit à l'accord sensible dont celui de Septiéme diminuée tient la place; Ex. 62, jusqu'à 70. Il faut excepter de cette Régle les cas de Cadence-rompue, énoncés dans les exemples 18, 32, 33 & 34, Exemples *A* & *B*.

Successions de l'Accord-sensible avec Fausse-quinte.

Pag. 150. *Alinea.* Toute note qui porte l'accord-sensible avec Fausse-quinte doit descendre de Quinte (*ou monter de Quarte*) sur la Cinquiéme-note du Mode, pour y former le Repos que son accord sensible a annoncé, Exemple 71.

On peut éviter ce Repos en restituant à la même Cinquiéme-note son accord sensible, Ex. 72, ou en passant à la note sensible du Mode, portant Septiéme-diminuée, Ex. 73.

Successions de l'accord de Septiéme & Tierce diminuées.

Pag. 185, Ch. IV. Les Successions qui concernent cet accord, sont les mêmes que celles de l'accord précédent, qu'il représente. Ainsi :

Toute note qui porte l'accord de Septiéme & Tierce diminuées, doit passer à la Cinquiéme-note du Mode, pour y former le Repos qu'elle a annoncé, Ex. 74. L'on évitera ce Repos en restituant encore ici son accord sensible à la Cinquiéme-note, Ex. 75, ou en passant à la note sensible du Mode, portant Septiéme-diminuée, Ex. 76.

58. 59. 60. 61.
Ex.28. Ex.39.
62. 63. 64. 65.
Basse tantôt fondamentale, tantôt Continue.
Basse fondamentale.
Basse fondamentale primitive.
Voy. Ex.17. Ex.28. Ex.29. Ex.64.
66. 67. 68. 69. 70.
A B
Basse Continue.
Harmonie impraticable.
Ex.16. Ex.82.
71. 72. 73. 74. 75. 76.
Basse fondamentale primitive.
Ex.72. Ex.71. Ex.72. Ex.73.

Explication

des nouveaux Signes employés dans les Exemples de la Seconde Partie ci-après.

Ces Signes, dont M.r d'Alembert a déja donné une idée dans la seconde édition de ses Elémens de Musique, page 172, représentent l'harmonie fondamentale. Ils sont composés des Lettres de la Gamme, ou de chiffres associés à ces Lettres. Les Lettres seules servent à exprimer les accords consonants, les Lettres avec des chiffres expriment les accords dissonants. Voici le rapport des Lettres aux notes de la Musique.

A	B	C	D	E	F	G
la	si	ut	re	mi	fa	sol.

I. Ces Lettres sont susceptibles de Diéses, Bémols ou Béquarres accidentels, de même que les Notes qu'elles représentent, comme ✱A, ♭B, &c. pour exprimer un La diése, un Si bémol, &c. A l'égard des diéses ou bemols placés à la Clef ils s'appliquent également aux lettres comme aux notes.

II. En général, chaque Lettre désigne un son fondamental accompagné de sa tierce et de sa quinte. Ainsi la Lettre seule désigne une Tonique et son accord-parfait, et la Lettre accompagnée d'un chiffre exprime ou une Dominante, ou une soûdominante, ou une Note sensible fondamentale, selon la nature du chiffre ou les différens accessoires qui l'accompagnent, comme dans la Table suivante.

Table des Signes.

Signe de l'accord parfait, pour les Toniques. . . . . A B C D E F G

Signe de la simple Septieme, pour les simples Dominantes. . .
7 7 7 7 7 7 7
A B C D E F G

Signe de l'Accord sensible, pour les Dominantes-toniques. . .
7✕ 7✕ 7✕ 7✕ 7✕ 7✕ 7✕
A B C D E F G

Signe de l'Accord de Sixte-dissonante, pour les Soûdominantes. . . .
6 6 6 6 6 6 6
A B C D E F G

Signe de la Septieme diminuée, pour les notes-sensibles des modes mineurs. . . . .
7̸ 7̸ 7̸ 7̸ 7̸ 7̸ 7̸
A B C D E F G

Signe de l'accord-sensible avec fausse-quinte. . . . .
7✕ 7✕ 7✕ 7✕ 7✕ 7✕ 7✕
5̸ 5̸ 5̸ 5̸ 5̸ 5̸ 5̸
A B C D E F G

Signe de la Septieme diminuée avec tierce diminuée . . . . . .
7̸ 7̸ 7̸ 7̸ 7̸ 7̸ 7̸
5 5 5 5 5 5 5
3̸ 3̸ 3̸ 3̸ 3̸ 3̸ 3̸
A B C D E F G

III. Les Dièses Bémols ou Béquarres, placés au dessus des Lettres ou à côté des Chiffres, ont la même expression que dans les Signes ordinaires. Le Signe ✕A, par exemple, représente un La dont la tierce est majeure, à la différence de ✕A qui représente un La dièse; ♭C, représente un Ut dont la tierce est mineure; ♮7C, un Ut dont la Septieme est majeure, et ainsi du reste.

IV. Les Barres après les chiffres désignent la continuation du même accord sur des notes différentes, comme dans les Signes ordinaires.

V. Une Barre après une Lettre équivaut à la répétition de la même Lettre. Ainsi, au lieu d'écrire C 7✕C ou C 6C, j'écris C—7✕, C—6, ce qui désigne une Tonique qui devient Dominante ou Soûdominante. Voyez ci-après les Planches 17 et 23.

VI. Les Lettres, comme je l'ai dit, représentant un Son fondamental, lors qu'une note de Basse-continue est fondamentale elle même, il seroit inutile d'y associer la lettre; il suffit, si l'accord qu'elle porte est dissonant, d'écrire le chiffre qui désigne cet accord, et l'on n'écrit rien pour les Toniques, si ce n'est un 3, lors que cela devient nécessaire, ou un diése, un bémol ou un béquarre, tout de même que dans les Signes en usage.

Au reste ces nouveaux Signes peuvent s'écrire indifféremment au dessus ou au dessous des notes. Je les ai toujours placés au dessous, dans mes Exemples, à cause des Signes ordinaires qui occupent l'espace au dessus. On poura ainsi comparer les uns aux autres et juger de la facilité qui résulteroit des nouveaux Signes, soit dans l'accompagnement du Clavecin, soit dans l'étude de l'harmonie, si tous les Compositeurs avoient assés de principes pour pouvoir chiffrer leurs Basses par ces Signes. J'invite ceux de nos harmonistes qui sont en état de le faire, de saisir ce moyen pour se distinguer de la foule des Compositeurs d'Oreille, qui s'efforcent plus que jamais d'établir qu'aujourd'hui on ne Chiffre pas, et cela afin que le Public ne s'apperçoive pas qu'ils ne sont point initiés aux Principes de l'harmonie, lors qu'ils font paroitre leurs productions en blanc, je veux dire, sans Chiffres.

Table des Articles de la seconde Partie.

Article I. Passage d'une Tonique à une autre, en montant de Tierce. Pl. . 10
En montant de Quarte 12
de Quinte 13
de Sixte. 14
Article II. Passage d'une Tonique à sa Dominante 16
Article III. Passage d'une Tonique à une nouvelle Dominante 17
En montant de Seconde 18
de Tierce 19
de Quarte . . . ibid.
de Sixte 20
de Septieme . . 21.
Article IV. Passage d'une Tonique à sa Soûdominante 22
Article V. Passage d'une Tonique à une nouvelle Soûdominante 23
En montant de Tierce . . . 24
de Quinte . . . 25
de Sixte 26
Article VI. Passage d'une Tonique à une simple Dominante, en descendant de Tierce 27
de Quinte . . . 28
de Septieme . ibid.

Article VII. Des Cadences.

Cadence parfaite 29

Cadence rompue 30

Cadence interrompue 31

Cadence imparfaite 34

Article VIII. Des imitations de Cadences.

Imitation de Cadence parfaite 35

Imitation de Cadence rompue 38

Imitation de Cadence interrompue 41

Article IX. Des Cadences évitées.

Cadence parfaite évitée par la simple Septieme 45

Par l'accord-sensible 46

Par l'accord de Sixte-dissonante . . 48

Cadence imparfaite évitée par l'accord-sensible 50

Par l'accord de Sixte-dissonante . . 52

Cadence rompue évitée par la simple Septieme 54

Par l'accord de Sixte-dissonante . . 56

Par l'accord-sensible 58

Cadence interrompue évitée par l'accord-sensible 60

Par l'accord de Sixte-dissonante . . 62

Article X. Maniere de suspendre la Cadence parfaite.
Dominante-tonique changée en Soûdominante d'un Mode Majeur. . . 64
En Soûdominante d'un Mode de Mineur. . . 66
Article XI. Maniere de suspendre les Imitations de Cadences.
Simple Dominante changée en Dominante-tonique. 68
En Soûdominante. 70
Article XII. Imitation de Cadence interrompue évitée par l'accord de Sixte-dissonante. . . 72
Article XIII. Emploi de la Septieme diminuée.

Régles de Transition.

Premiere Régle. 76
Seconde Régle. 89
Troisieme Régle. 92
Quatrieme Régle 94
Article XIV. Régles de Succession de la Septieme diminuée. 95
Article XV. Successions de l'accord sensible avec Fausse-quinte. 104
Article XVI. Successions de l'accord de Septieme et Tierce diminuées. 107

Fin de la Table.

SECONDE PARTIE,

Suites d'accords dérivées de chacun des Exemples de la premiere Partie.

Article Premier.

Passage d'une Tonique à une autre. Exemple I de la premiere Partie, Planche I.

Marche de Tierce.

Suites d'accords dérivées de la même harmonie, et qui la représentent.

Suites à rejetter.

Remarque.

Les suites d'accords désignées par des notes noircies dans l'Exemple précédent, quoique dérivés tout aussi naturellement que les autres de la même Basse fondamentale, doivent néanmoins être rejettées, à cause de l'harmonie trop peu naturelle qui résulte de la tournure impropre de la Basse, relativement aux accords qu'elle porte.

Cette Remarque doit s'appliquer à toutes les suites d'accords qui, comme celles-ci, seront désignées par des notes noircies dans les Exemples suivants, soit pour la raison que je viens d'alléguer, soit pour d'autres qu'il seroit trop long de détailler à chaque occasion, mais que les harmonistes n'auront pas de peine à trouver.

Marche de Quarte.

Exemple I, n.° II.

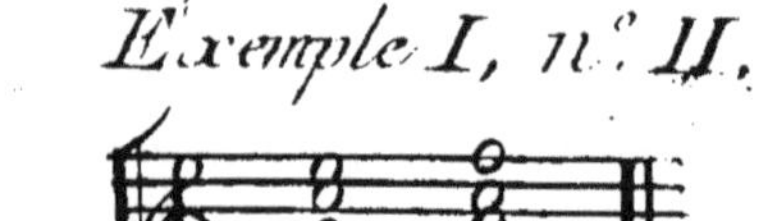

Mode Majeur.

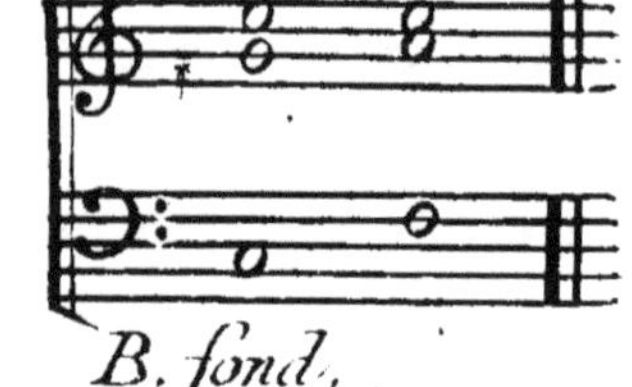

Suites dérivées.

Suites à rejetter.

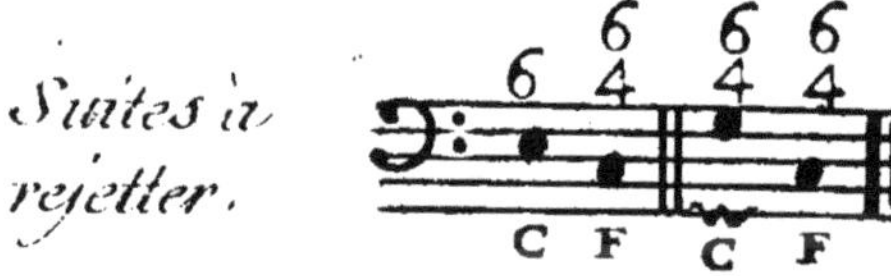

Mode Mineur.

Suites dérivées.

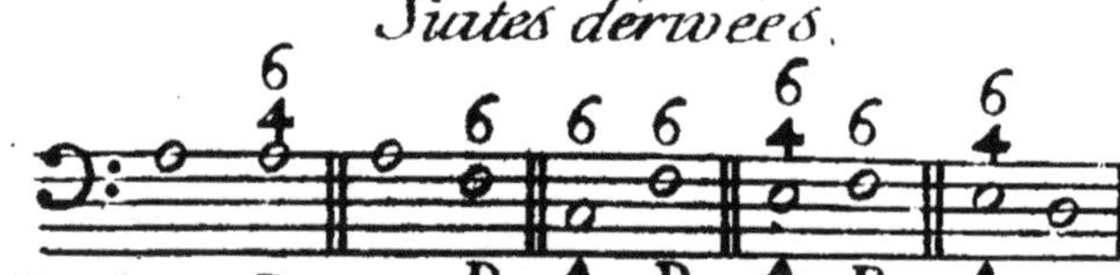

Suites à rejetter.

Marche de Quinte.

Ex. I, n°. III.

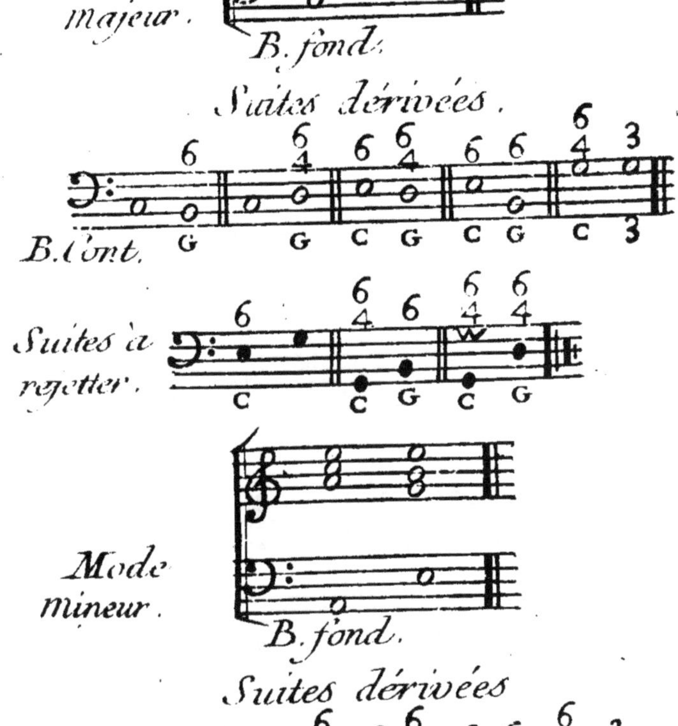

Suittes à rejetter.

6 | 6 4 | 6 | 6 4 | 6 4

A | A | E | A | E

Marche de Sixte, ou de Tierce en descendant Ex. I, n.° IV.

Remarque touchant les accords consonants.

Je dois faire observer ici à ceux qui étudient l'harmonie, de ne pas employer trop fréquemment les différentes suites d'accords dont je viens de donner des Exemples. Ce qu'on apelle harmonie ne consiste pas dans une succession d'accords consonants, mais dans l'entrelacement des accords consonants avec les dissonants; et dans ce sens l'on peut dire que la véritable harmonie ne commence qu'à l'Exemple suivant. Aussi n'est-ce proprement que pour la forme, et pour donner aux Elèves qui suivent mes Principes une idée de la sorte d'harmonie qui a précédé ce qu'on appelle la Regle de l'Octave, c'est-à-dire, pour leur donner une idée de l'enfance de l'harmonie, que j'ai commencé, soit dans mon Traité, soit dans ces Exemples, par la succession des accords consonants. Mais je leur conseille d'abandonner cette foible ressource aux faiseurs de Sixtes et à tous ceux dont la tête ne peut se meubler que d'un très-petit nombre d'accords et de Successions. Les différentes phrases de véritable harmonie qu'ils trouveront dans les Exemples suivants, les dédommageront sans doute de la puérile harmonie des accords consonants, qui, pour les harmonistes faits, n'en est pas une.

Voyez à ce sujet la Remarque, Page 129 du Traité des accords.

Article second.

Passage d'une Tonique à sa Dominante.

Exemple 2 de la 1re partie, Planche 1

Suites dérivées.

Suites dérivées.

Article troisieme.

Passage d'une Tonique à une nouvelle Dominante

Ex. 3 de la Ire Partie, Pl. I.

Ex. 4 de la I.re Partie, N.o I.

Marche de seconde.

Ex. 5 de la I.re Partie, Pl. I.

Marche de Tierce.

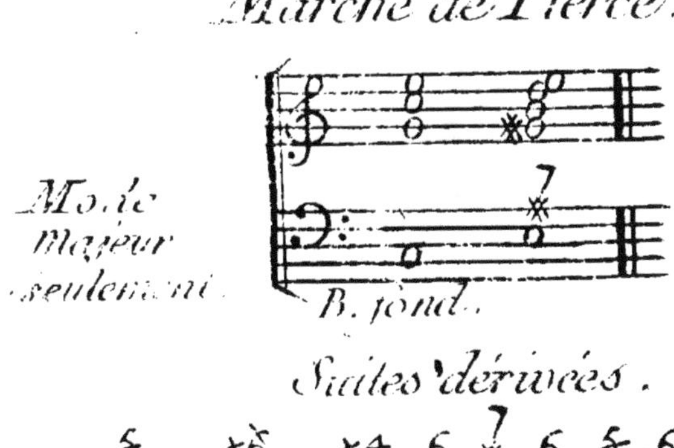

Suites dérivées.

Ex. 6, Pl. I.

Marche de Quarte.

Suites dérivées.

Marche de Sixte (*), ou de Tierce en descendant

Suites dérivées

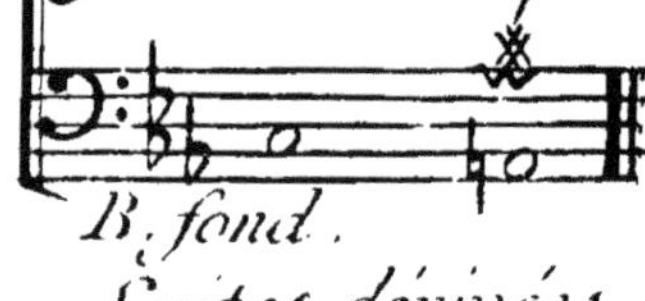

Suites dérivées.

(*) Nota. La Marche de Quinte, omise ici, est le Passage d'une Tonique à sa Dominante. Voyez ci-dessus Planche 26.

Ex. 8, Pl. I.

Marche de Septieme,

ou de Seconde en descendant.

Suites dérivées.

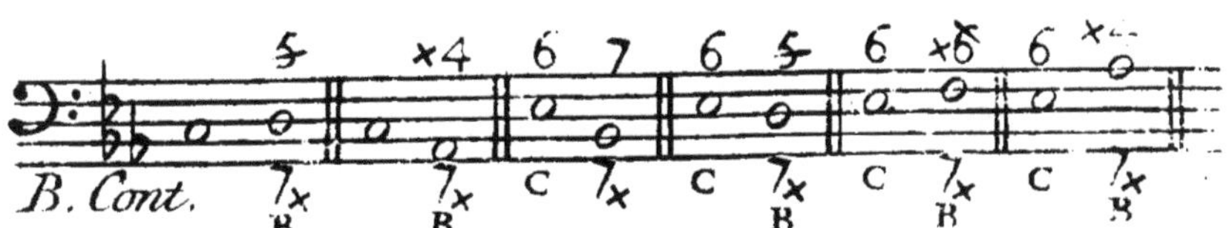

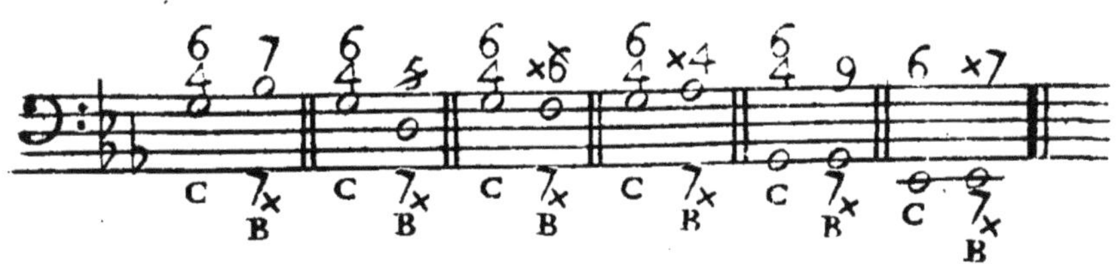

Suite à rejetter.

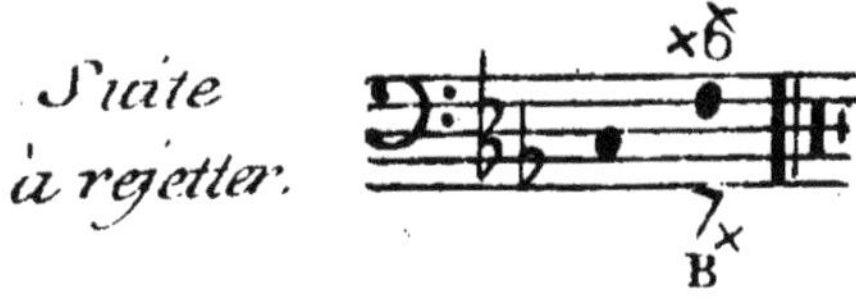

Article quatrieme.

Passage d'une Tonique à sa Soûdominante. Ex. 9 de la I.re Partie, Pl. I.

Mode Majeur.

Mode Mineur.

Article cinquieme.

Passage d'une Tonique à une nouvelle Soûdominan[te]

Ex. 10 de la I.re Partie, Pl. I.

Ex. 11 de la Iʳᵉ Partie, Pl. I.

Marche de Tierce.

Mode mineur seulement.

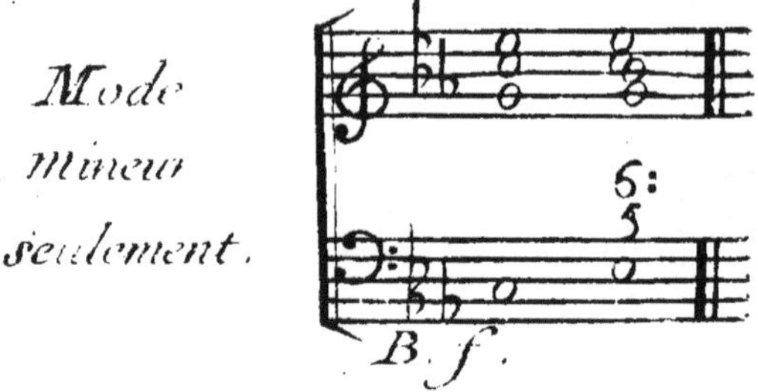

Suites dérivées.

Suites à rejetter.

Marche de quarte.

Cette Marche, omise ici, est le Passage d'une Toni-que à sa Soûdominante. Voyez ci-devant Pl. 22.

Ex. 12 de la I.re Partie, Pl. I.

Marche de quinte.

Ex. 15 de la I.re Partie, Pl. I.

Marche de Sixte, ou de Tierce en descendant.

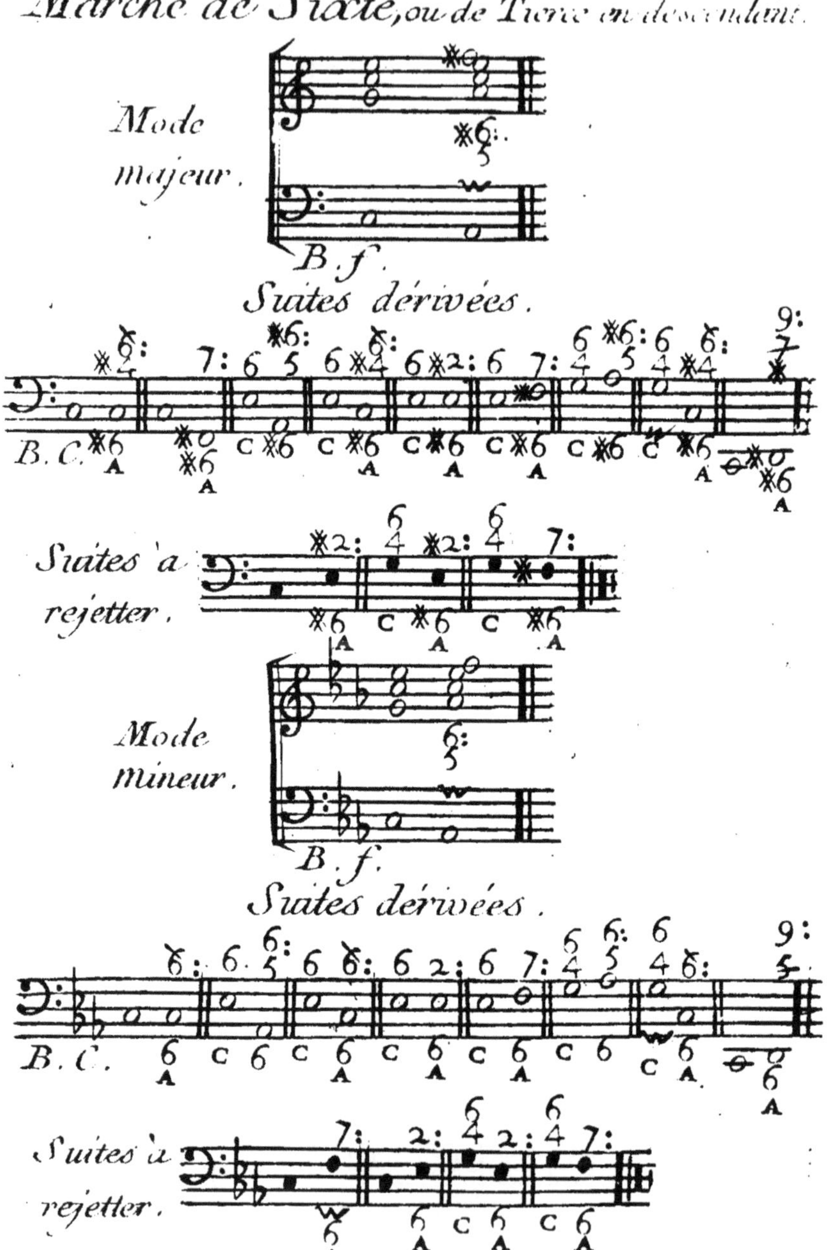

Article sixieme.

Passage d'une Tonique à une simple Dominante.

Ex. 14 de la Ire. Partie, Pl. I.

Marche de Tierce.

Modes majeur et mineur.

B. f.

Suites dérivées.

B. C.

Suites à rejetter.

Deuxieme Exemple pour le Mode Mineur.

B. f.

Suites dérivées.

B. C.

Suites à rejetter.

Partie, Pl. I.
Marche de quinte.
Modes majeur et mineur.
B. f.
Suites dérivées.
B. C.
Suites à rejetter.
Ex. 16, Pl. I.
Marche de Septieme, ou de Seconde en montant.
Modes Majeur et mineur.
B. f.
Suites dérivées
B. C.
Suites à rejetter

Article Septieme.
Des Cadences.
Ex. 17 de la Ire Partie, Pl. I.
Cadence Parfaite.
Mode Majeur.
B. f.
Suites dérivées.
B. C.
Suites à rejetter.
Mode Mineur.
B. f.
Suites dérivées.
B. C.
Suites à rejetter.

Ex. 18 de la I. Partie, Pl. I.

Cadence rompue.

Ex. 19 de la Ire Partie, Pl. I.

Cadence interrompue.

Mode Majeur.

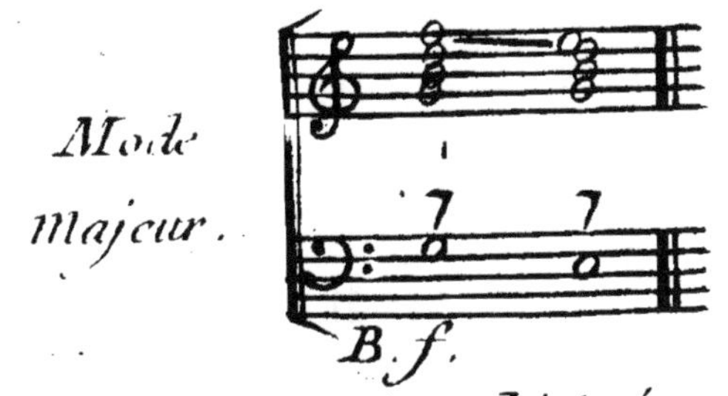

Suites dérivées.

Suites à rejetter.

Ex. 19, Pl. I.

Cadence interrompue.

Mode Mineur, Premier Exemple.

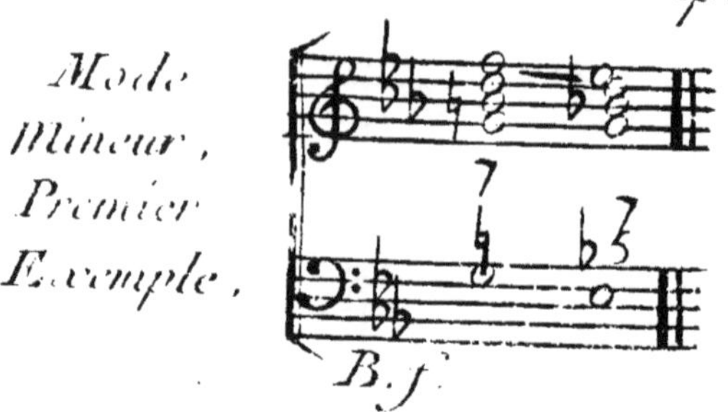

Suites dérivées.

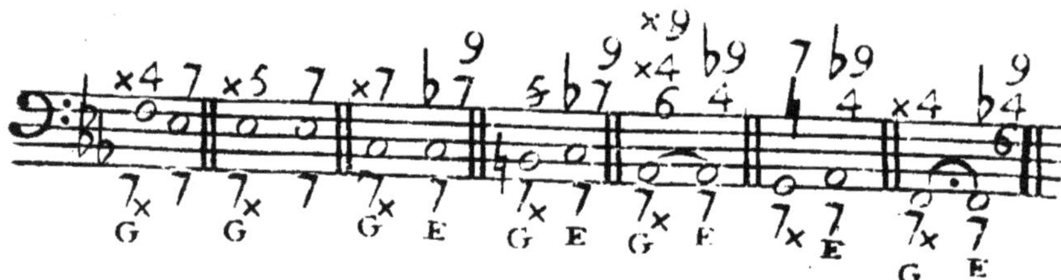

Suites à rejetter.

Ex. 19, Pl. I.

Cadence interrompue.

Suites dérivées

Suites à rejetter.

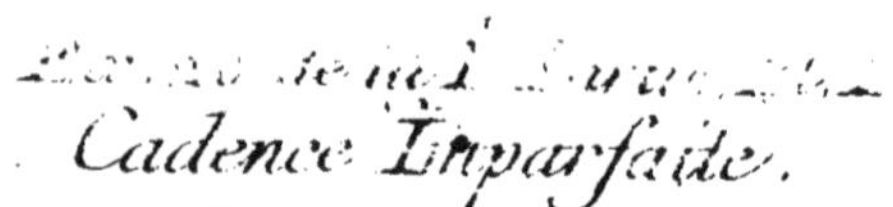

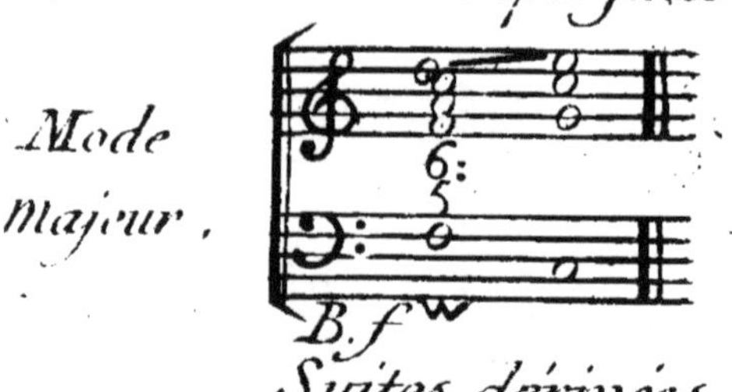

Suites dérivées.

Suites dérivées

Article huitième.

Des imitations de Cadences.

Ex. 21 de la I.re Partie, Pl. I.

Imitation de Cadence Parfaite.

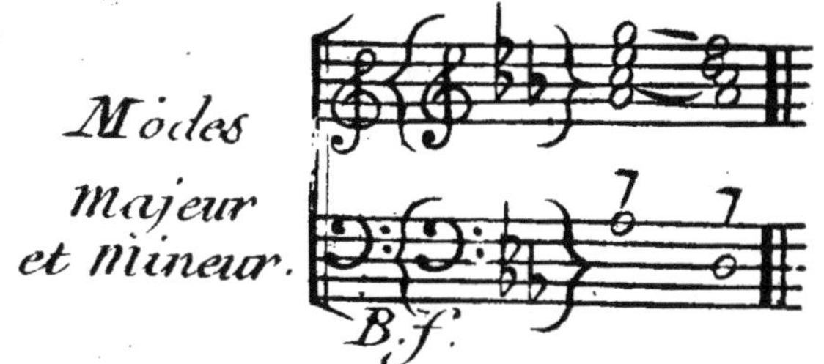

Suites dérivées.

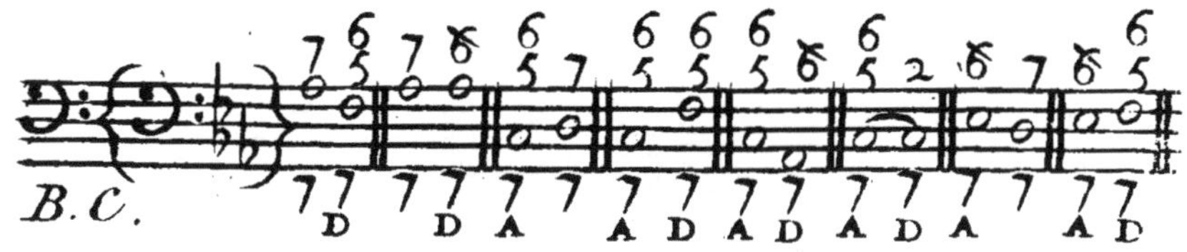

Suites à rejetter.

Ex. 22 de la I.re Partie, Pl. I.

Imitation de Cadence Parfaite.

Mode majeur.

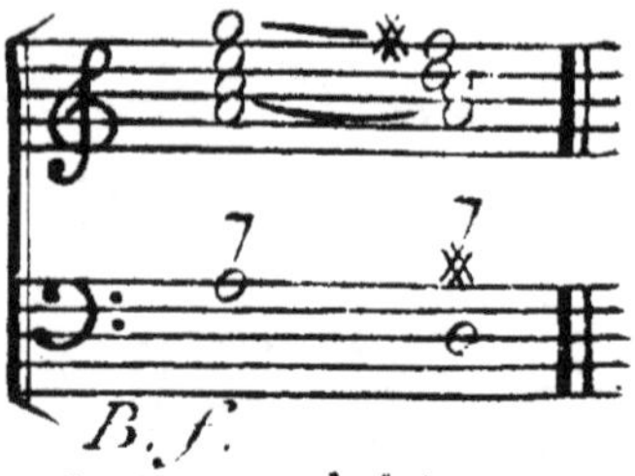

B. f.

Suites dérivées.

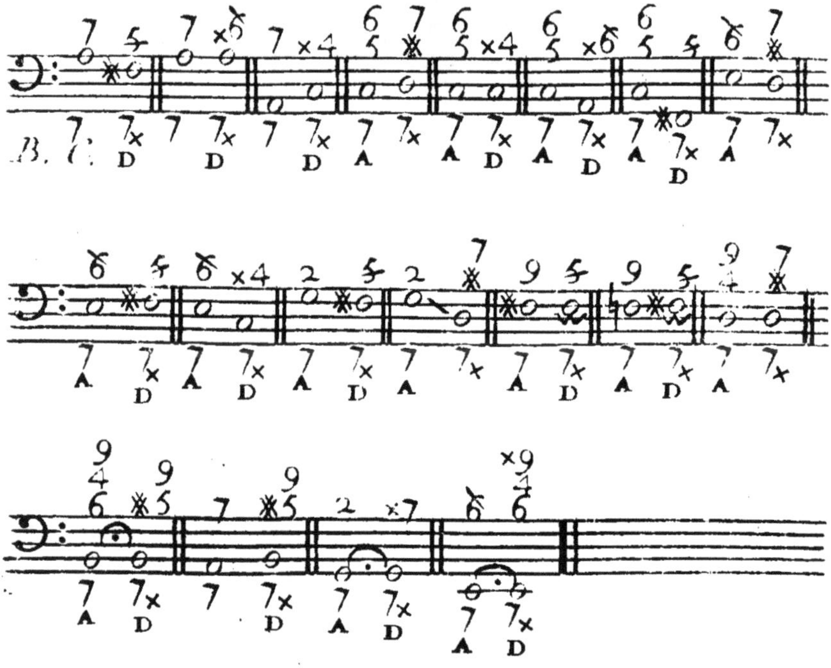

B. C.

Suites à rejetter.

Mode. Mineur.

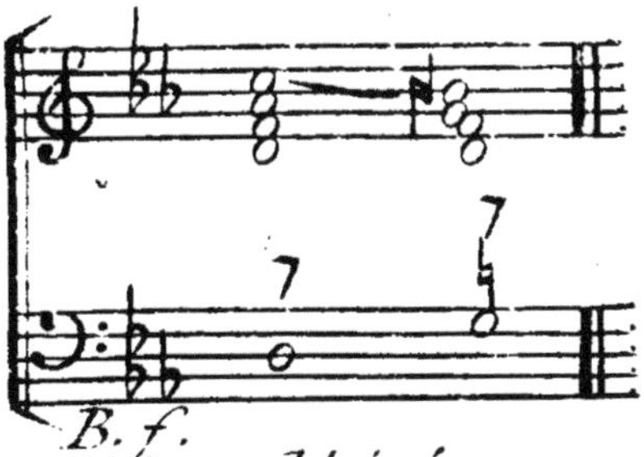

B.f.

Suites dérivées.

B. C.

Suites à rejetter.

Ex. 23 de la 4. Partie, Pl. I.

Imitation de Cadence rompue.

Suites dérivées.

Suites à rejetter.

Ex. 24 de la Ire. Partie, Pl. I.

Imitation de Cadence rompue.

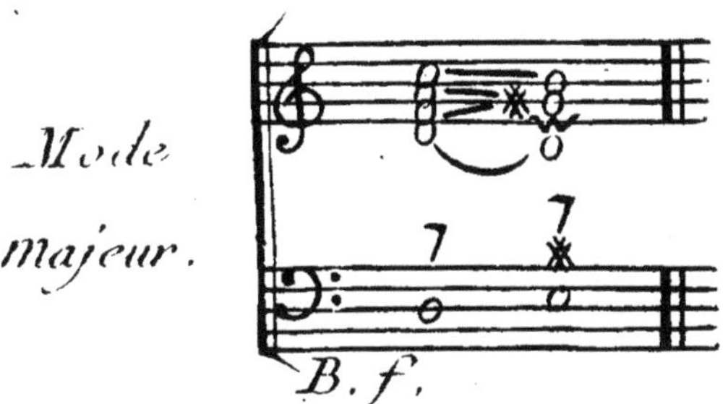

Suites dérivées.

Suites à rejetter.

Ex. 24 de la I. Partie, Pl. I.

Imitation de Cadence rompue.

Mode mineur.

Suites dérivées.

Suites à rejetter.

Ex. 25 de la I.re Partie, Pl. I.

Imitation de Cadence interrompue.

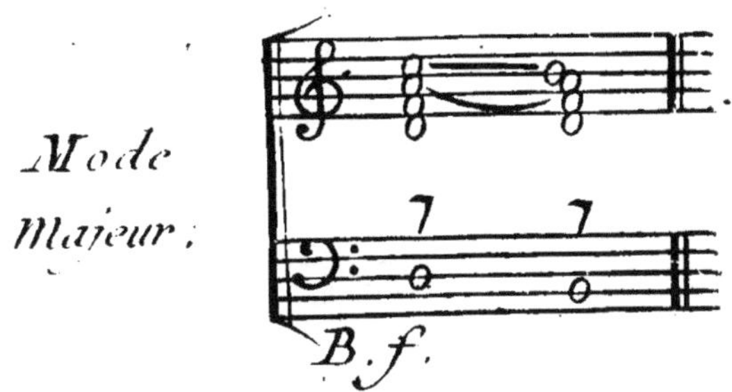

Suites dérivées.

Suites à rejetter.

Ex. 25 de la I. Partie. Pl. I.

Imitation de Cadence interrompue.

Suites dérivées.

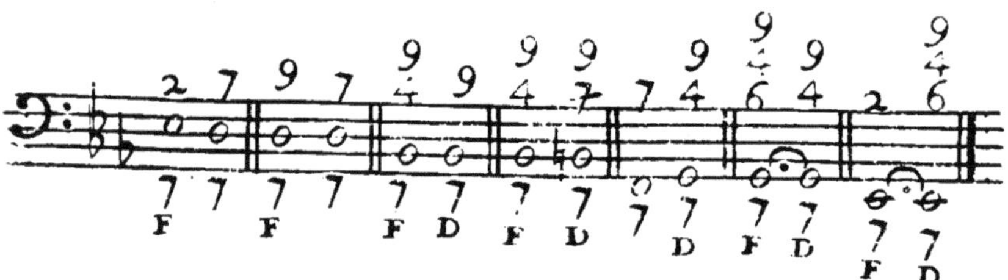

Suites à rejetter.

Ex. 26 de la I.re Partie, Pl. I.

Imitation de Cadence interrompue.

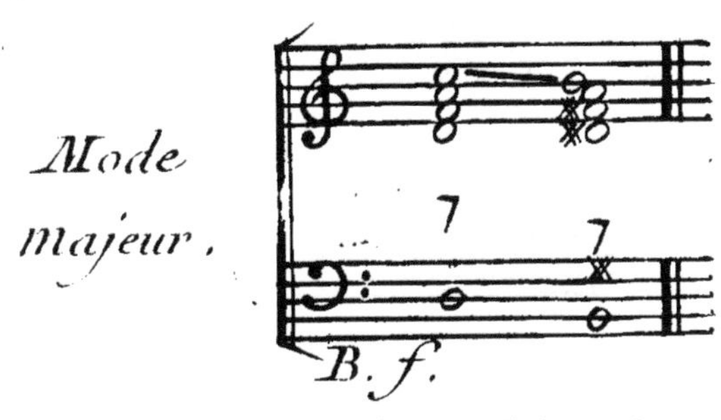

Suites dérivées.

Suites à rejetter.

Ex. 26 de la 1re Partie, Pl. I.

Imitation de Cadence interrompue.

Suites dérivées.

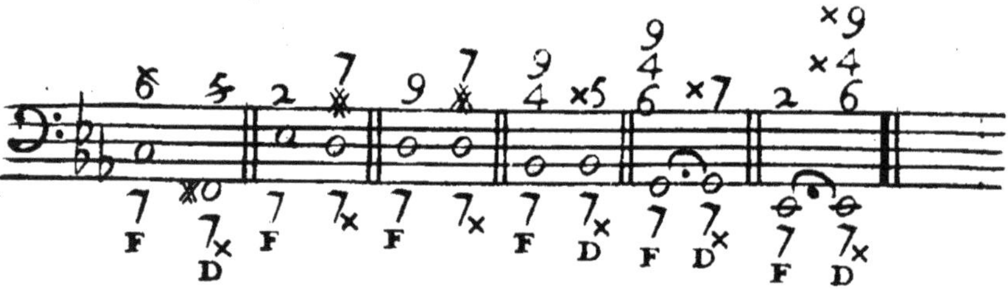

Suites à rejetter.

Article neuvieme.

Cadences évitées.

Ex. 27 de la I.re Partie, Pl. 2.

Cadence parfaite

évitée par la Simple Septieme.

Mode Majeur seulement.

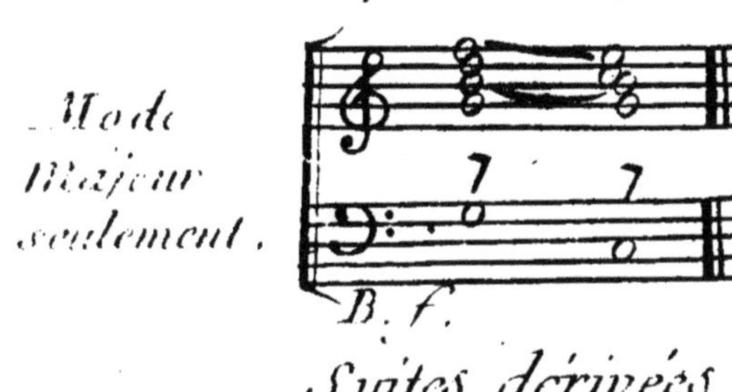

Suites dérivées.

Suites à rejetter.

Ex. 28 de la Ire Partie, Pl. 2.

Cadence parfaite évitée par l'Accord-Sensible.

Mode majeur.

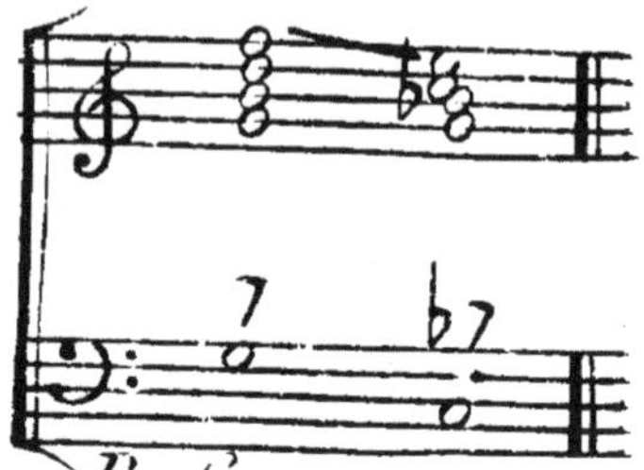

B. f.

Suites dérivées.

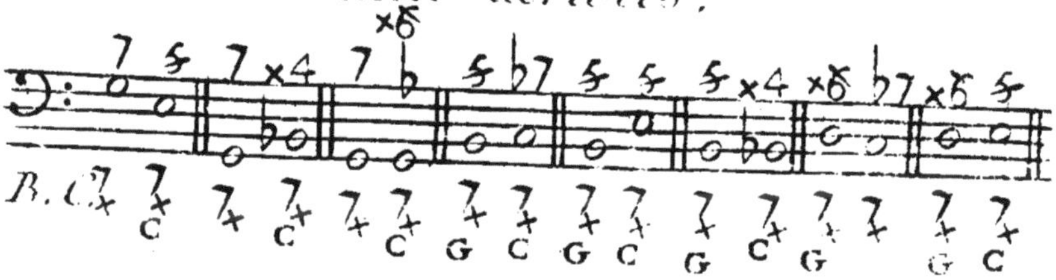

B. C.

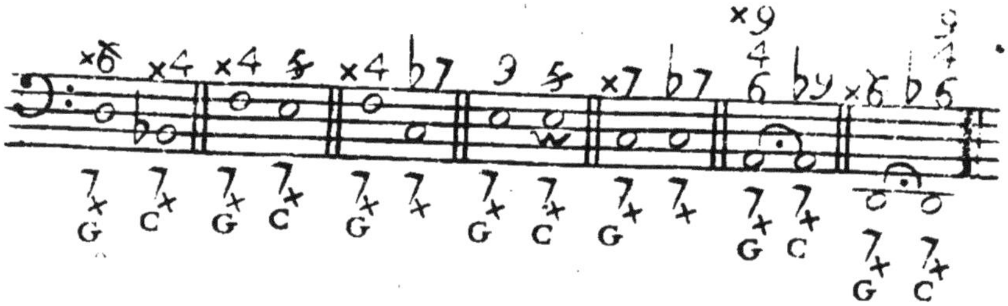

Suites à rejetter.

Ex. 28 de la 1.re Partie. Pl. 2.

Cadence parfaite évitée par l'Accord-sensible.

Suites à rejetter.

Ex. 29 de la I.re Partie, Pl. 2.

Cadence parfaite
évitée par l'accord de Sixte-dissonante.

Suites dérivées.

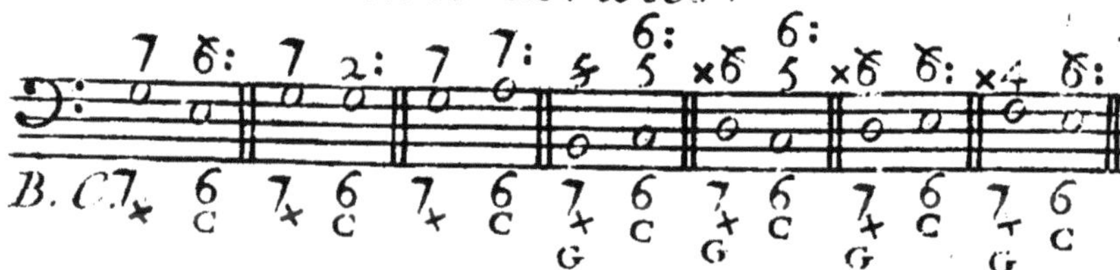

Suites à rejetter.

Suites dérivées.

Suites à rejetter.

Ex. 30 de la Ire. Partie, Pl. 2.

Cadence imparfaite évitée par l'accord sensible.

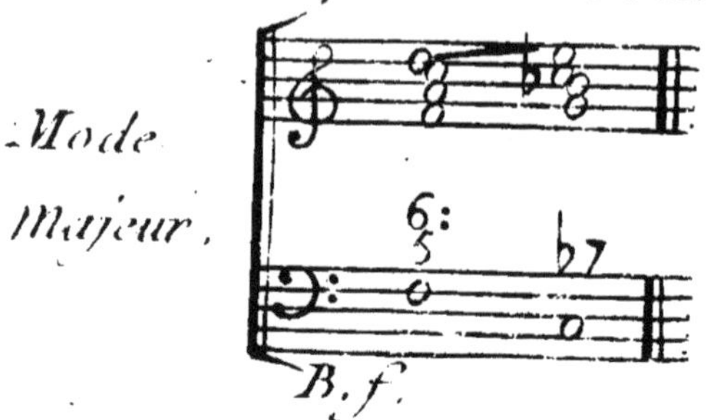

Suites dérivées.

Suites à rejetter.

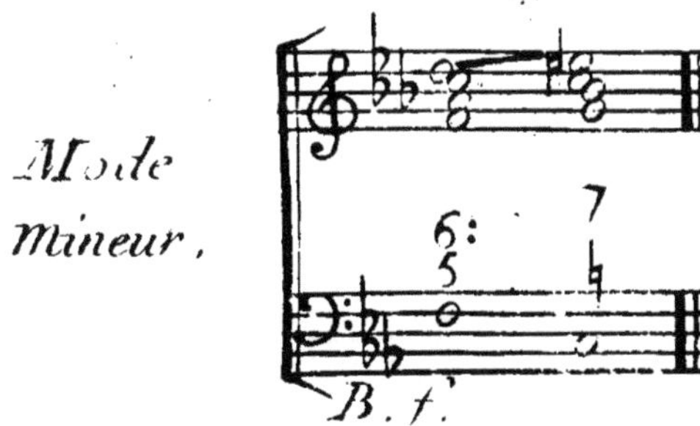

Suites dérivées.

Suites à rejetter.

Ex. 31 de la 1re Partie, Pl. 2.

Cadence imparfaite

évitée par l'accord de Sixte-Ascendante.

Suites dérivées

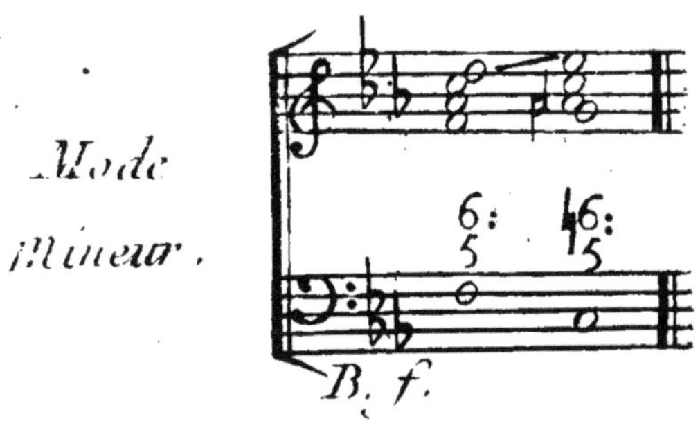
Mode
Mineur.
B. f.

Suites dérivées.
B. C.
Suites à rejetter.

Ex. 32 de la Ire Partie, Pl. 2.

Cadence rompue
évitée par la simple Septième.

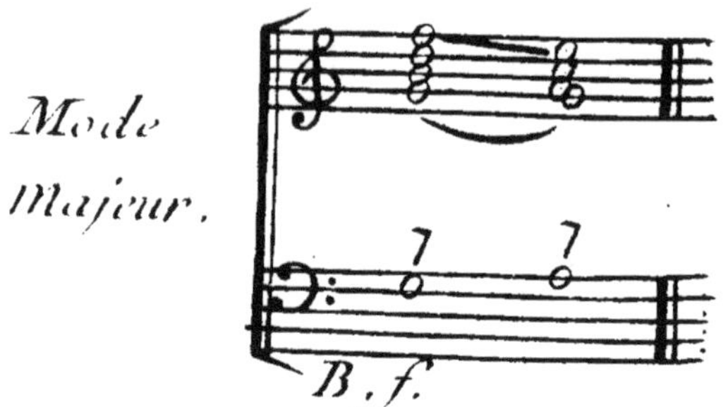

Suites dérivées.

Suites à rejetter.

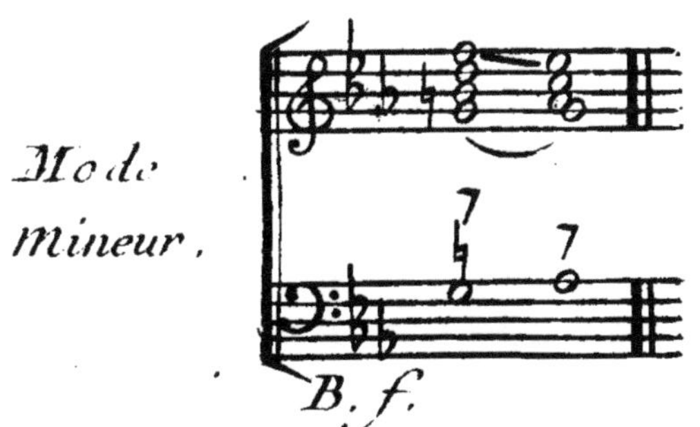

Suites dérivées.

Suites à rejetter.

Ex. 32 de la 1.re Partie Pl. 2.

Cadence-rompue

évitée par l'accord de Sixte-dissonante.

Mode majeur.

Cette Succession d'Accords donne peu de Suites praticables. On ne peut même employer la succession fondamentale qu'en retranchant quelque son des accords, comme on voit dans l'Exemple ci-dessus, ou bien en faisant usage de Suspensions, comme dans l'Ex. suivant.

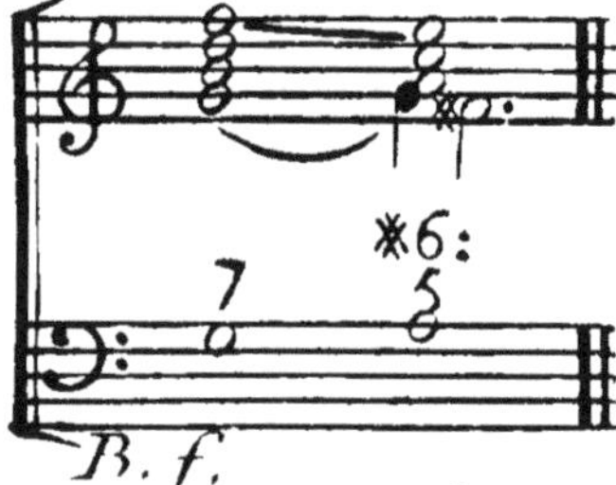

Suites dérivées qu'on peut employer sans Suspensions.

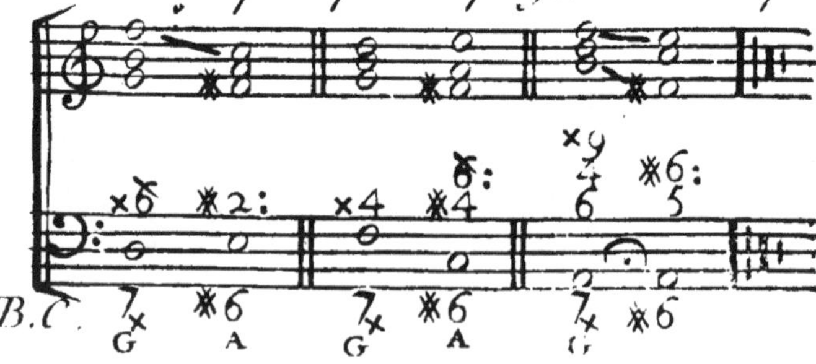

Suites dérivées

qu'on peut pratiquer au moyen de la Suspension.

Ex. 64 de la 1.re Partie. Pl. 2

Cadence-rompue

évitée par l'accord-sensible

Suites dérivées.

Suites à rejetter.

Suites dérivées.

Suites à rejetter.

Ex. 35 de la 1.re Partie, Pl. 2.

Cadence interrompue évitée par l'accord-sensible.

Suites dérivées

Suites à rejetter.

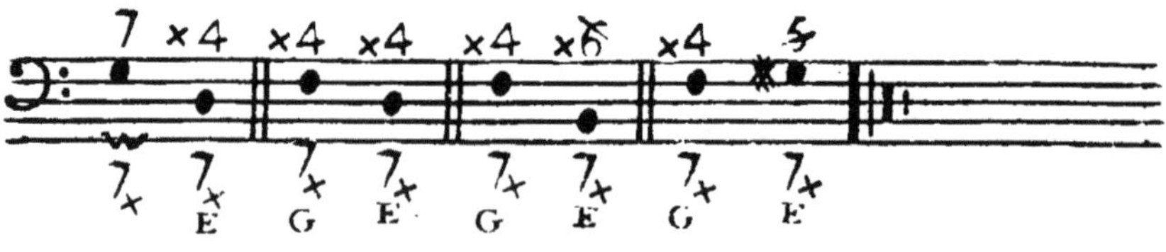

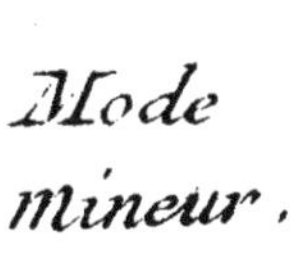

Suites dérivées.

Suites à rejetter.

Fig. 36. de la 1.re Partie, P.

Cadence interrompue

évitée par l'accord de Sixte-dissonance.

Mode Mineur.

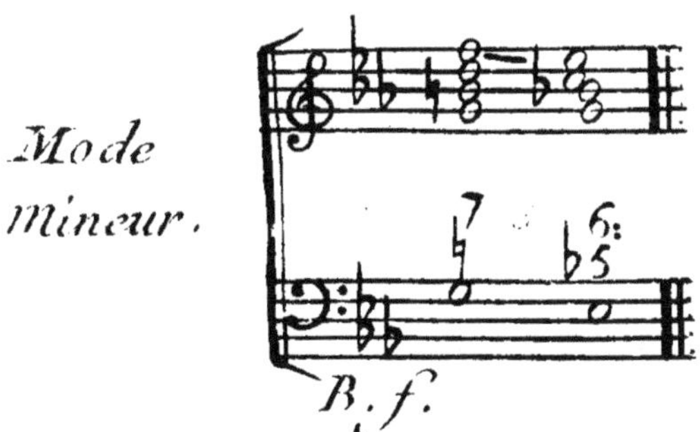

Suites dérivées.

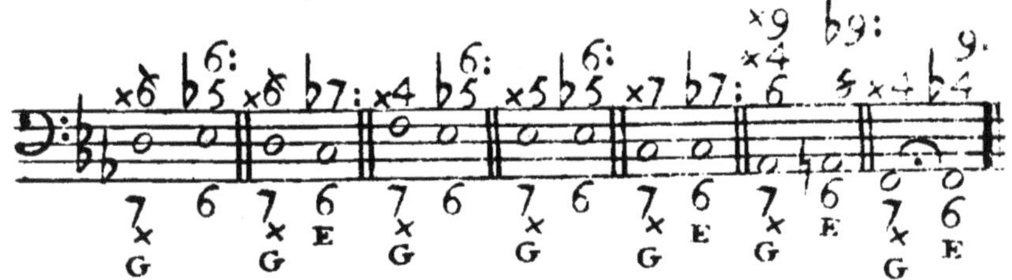

Suites à rejetter.

Article dixieme.

Maniere de suspendre la Cadence parfaite.

Ex. 3- de la I.re Partie, Pl. 2.

Dominante-tonique

changée en soûdominante d'un Mode Majeur.

Mode Majeur seulement.

Suites dérivées.

Suites à rejetter.

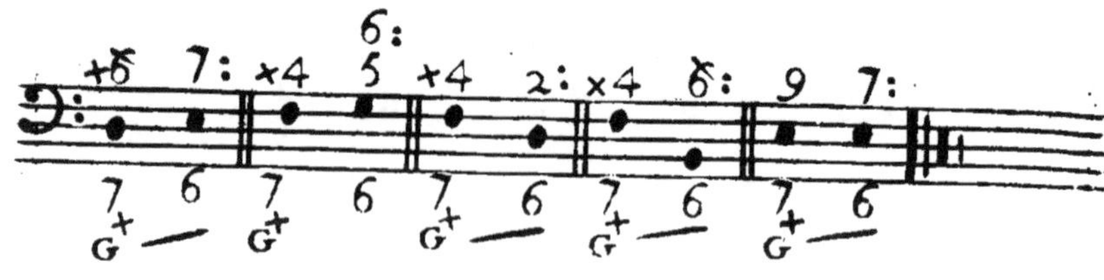

Remarque.

L'harmonie que présente cet Exemple n'ayant été décrite expressément par aucun Auteur jusqu'à mon Traité des accords, on pourroit peut-être, par la seule raison de ce silence des Auteurs, la regarder comme impropre ou inadmissible. Mais sans m'arrêter ici à prouver la légitimité de cette succession, il me suffira de raporter un passage de l'illustre Auteur des Elémens de Musique, M. D'alembert, dans le quel ce Sçavant, en remontant à l'origine de la Cadence interrompue la fonde précisément sur la succession d'accords dont il s'agit dans cet Exemple. Or, une succession qui sert à en établir une autre qui n'est nullement contestée, n'a pas sans doute besoin de preuves. Quant au silence des Auteurs, il prouve seulement que cette succession ne leur est pas venue dans l'esprit. Voici le Passage de M. D'alembert, Elémens de Musique, I.re Part. Chap. XVII, Art. 137.

„ La Cadence interrompue a, ce me semble, en „ quelque maniere son origine dans le double-em„ploi; car supposons ces deux Accords consécutifs „ sol si re fa, sol si re mi, où sol est successi„vement Dominante-tonique, et soûdominante, c'est„à-dire où l'on passe du mode d'ut au mode „ de re; si on change le second de ces Accords „ en accord de Dominante, suivant les loix du „ Double-emploi, on aura la Cadence interrompue „ sol si re fa, mi sol si re.

Voyez la Planche 31 pour une plus parfaite intelligence de ce Passage.

Ex. 38 de la 1re Partie, Pl. 2

Dominante-tonique

changée en soûdominante d'un Mode Mineur.

Mode
Mineur.
B. f.
Suites dérivées.
B. C.

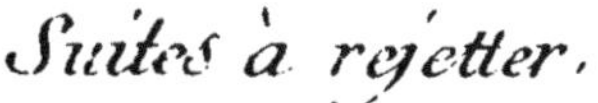
Suites à rejetter.

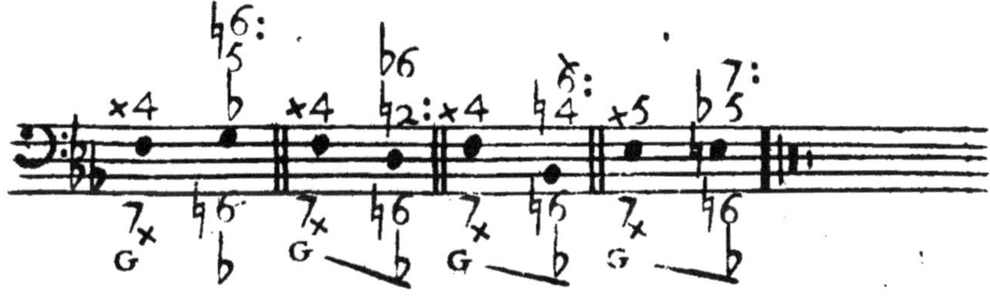

Article onzieme.

Maniere de suspendre les imitations de Cadences.

Ex. 39 de la I.re Partie, Pl. 2.

Simple Dominante changée en Dominante-tonique.

Suites dérivées.

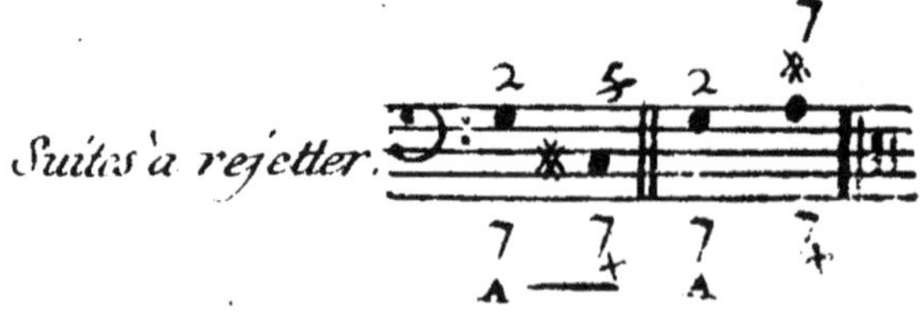

Suites à rejetter.

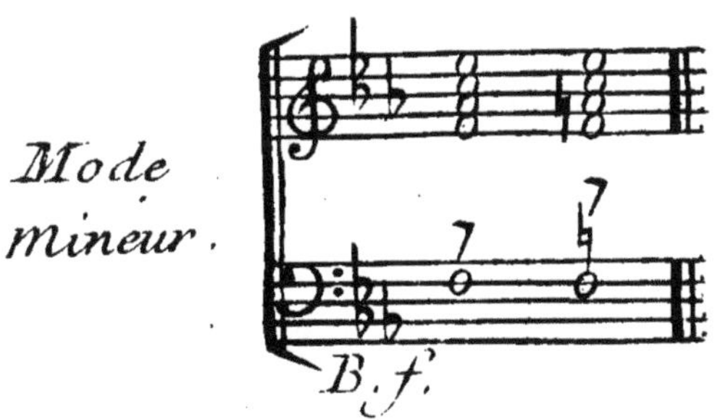

Suites dérivées.

Suites à rejetter.

Exemple 40 de la premiere Partie Pl. 4.

Simple Dominante changée en Soûdominante.

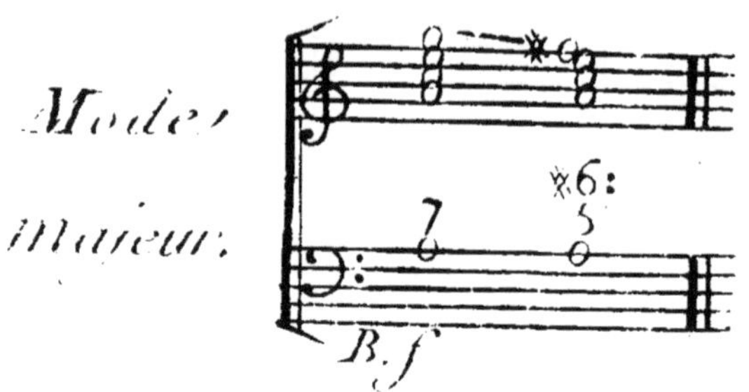

Suites dérivées.

Suites à rejetter.

Suites derivées.

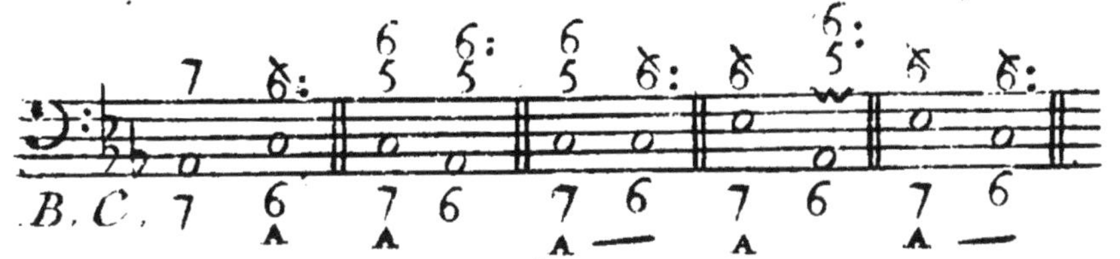

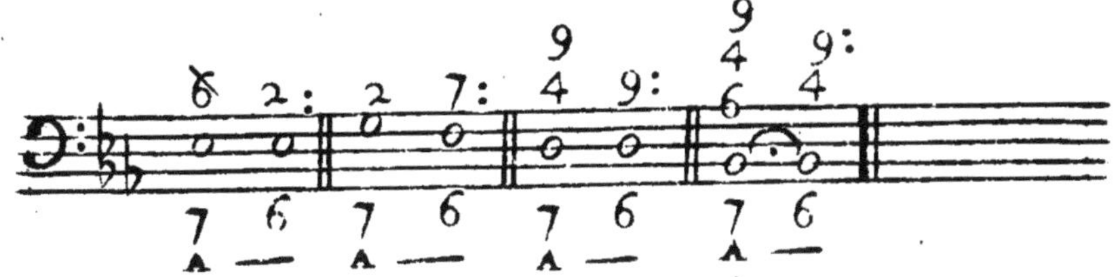

Suites à rejetter.

Article Douzieme.

Imitation de Cadence-interrompue évitée par l'accord de Sixte-dissonante.

Exemple 41 de la premiere partie, Pl. 2.

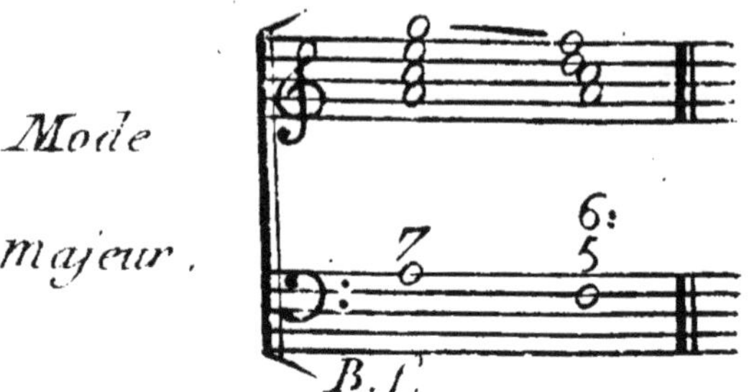

Suites dérivées.

Suites à rejetter.

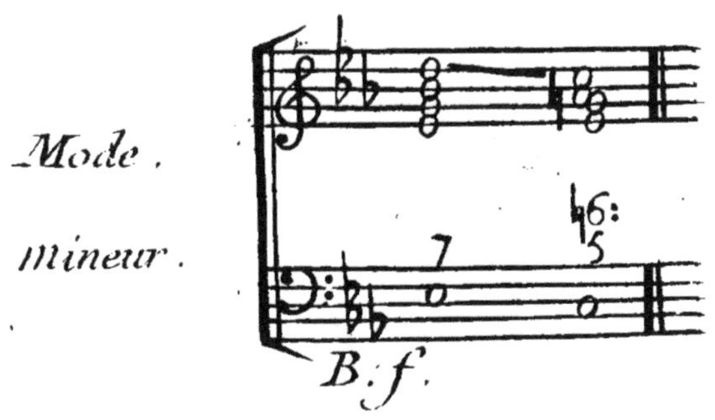

Suites dérivées.

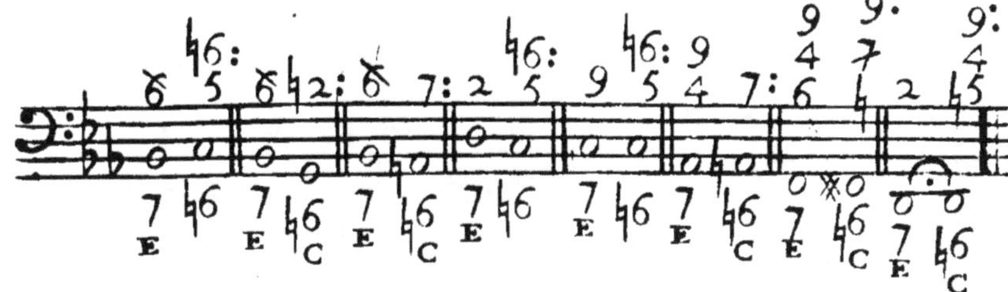

Suites à rejetter.

Exemple 42 de la premiere Partie, Pl. 2.

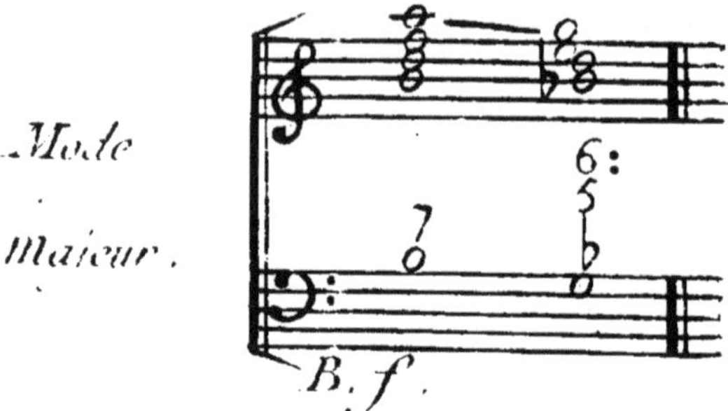

Suites dérivées

Suites à rejetter.

Mode mineur.

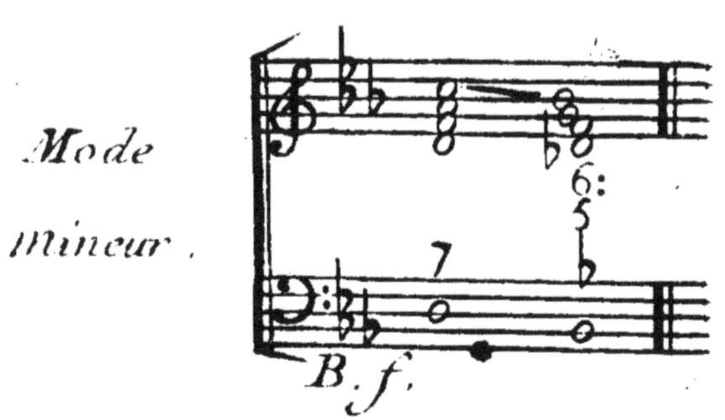

Suites dérivées.

Suites à rejetter.

Article Treizieme.

Emploi de la Septieme diminuée.

Régles de Transition.

Premiere Régle.

Exemple 43 de la premiere Partie, Pl. 2.

Suites dérivées.

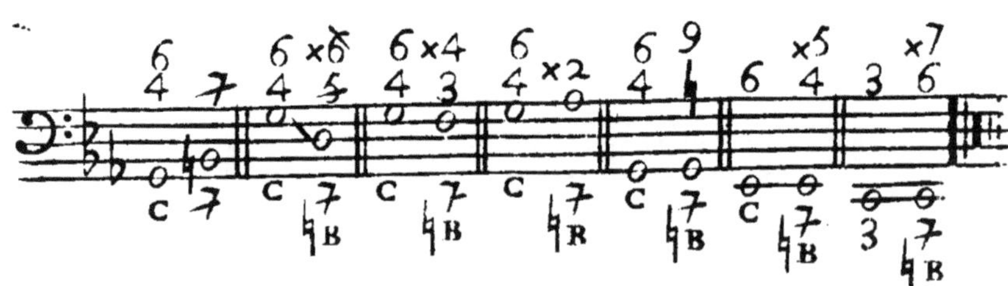

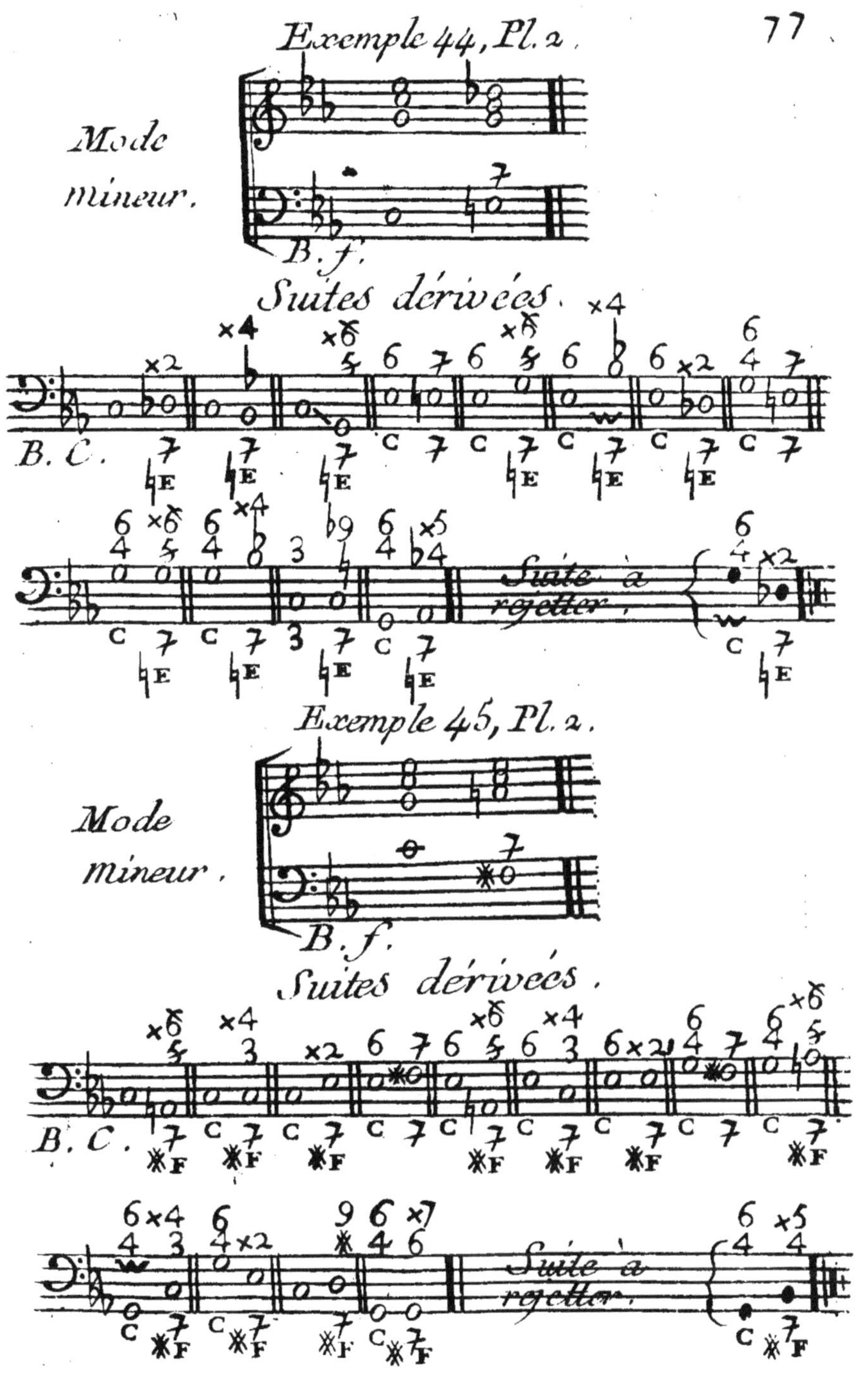
Exemple 44, Pl. 2.
Mode mineur.
B. f.
Suites dérivées.
B. C.
Suite à rejetter.
Exemple 45, Pl. 2.
Mode mineur.
B. f.
Suites dérivées.
B. C.
Suite à rejetter.

Exemple 46 de la premiere Partie, Pl. 2
Mode majeur.
B. f.
Suites dérivées.
B. C.
Suites à rejetter.
Exemple 47, Pl. 2.
Mode majeur.
B. f.
Suites dérivées.
B. C
Suites à rejetter.

Exemple 48, Pl. 2.

Suites à rejetter.

Exemple 49 de la premiere Partie, Pl. 2

Mode Majeur.

B. f.

Suites dérivées.

B. C.

Suites à rejetter.

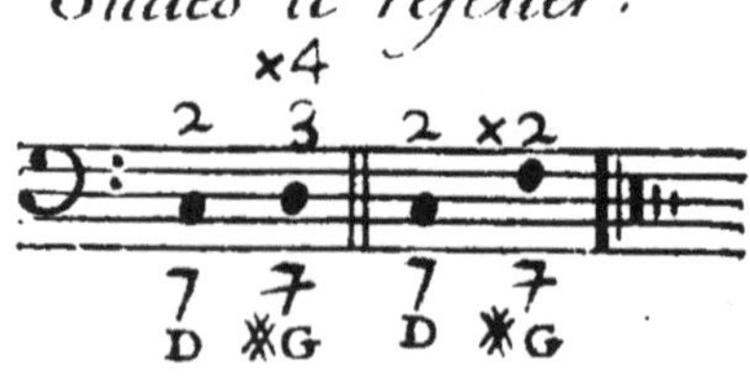

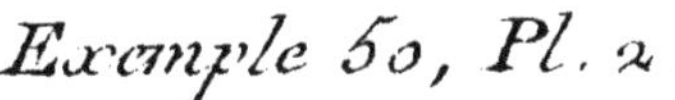

Suites dérivées.

Suites à rejetter.

Suites dérivées.

Suites à rejetter.

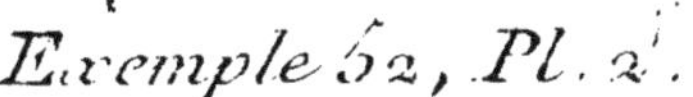

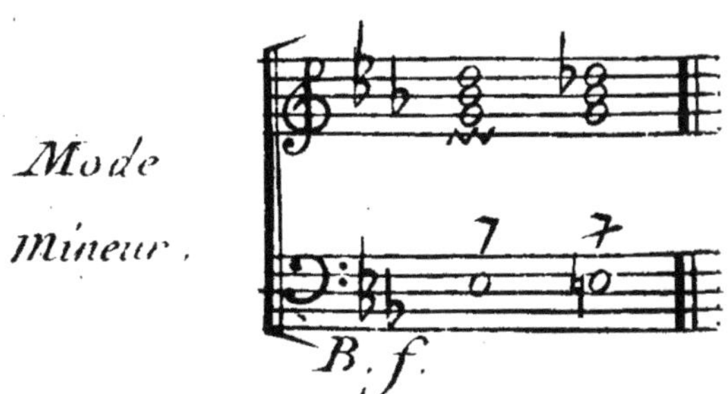

Suites dérivées.

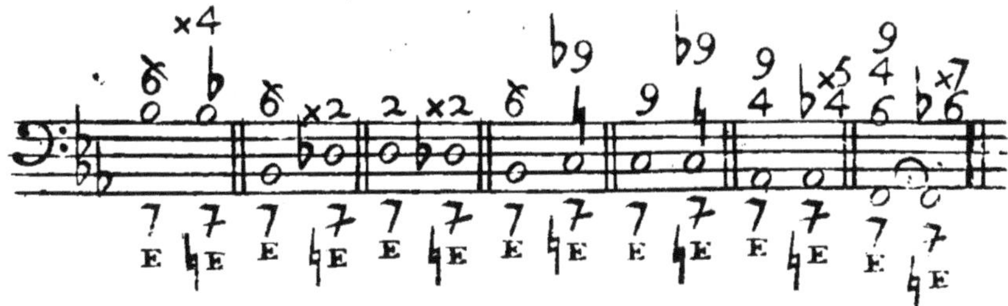

Suites à rejetter.

 Exemple 53 de la premiere Partie. Pl. 2.

Exemple 54, Pl. 2.

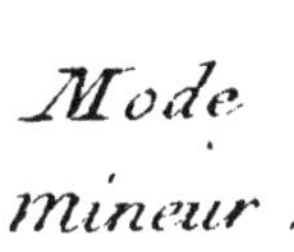

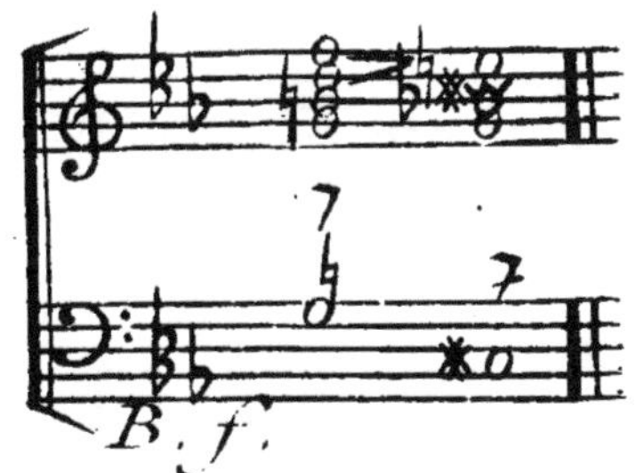

Suites dérivées.

Exemple 33 de la premiere Partie Pl. 2

Suites dérivées

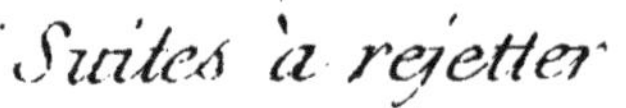

Exemple 56, Pl. 2.

Suites dérivées.

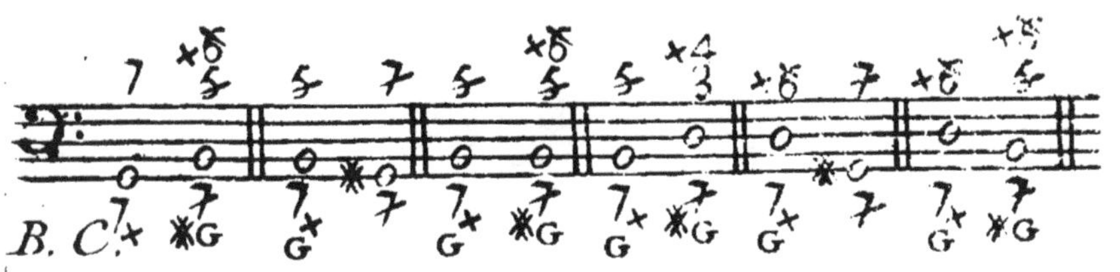

Suites à rejetter.

Exemple 57 de la premiere Partie, Pl. 2.

Suites représentant la même harmonie.

B. C.

Suites à rejetter.

Seconde Régle de Transition.

Exemple 58, Planche 3.

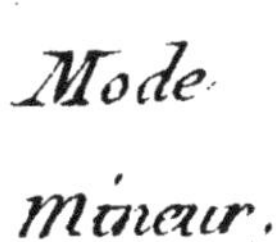

Suites dérivées.

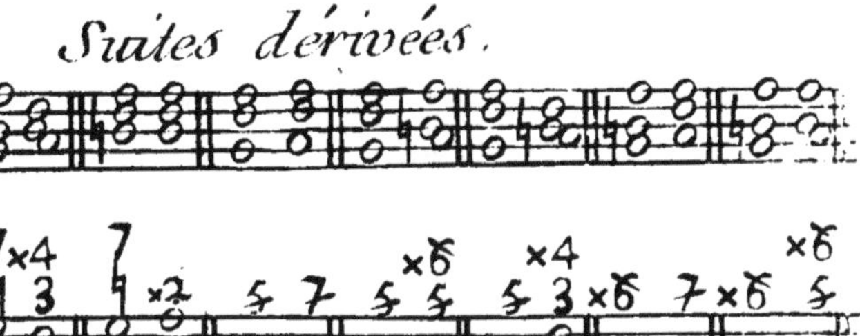

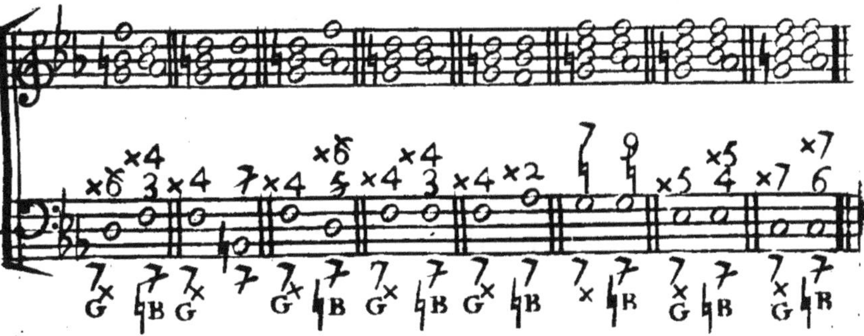

Suites à rejetter.

Exemple 39 de la premiere Partie, Pl. 3.

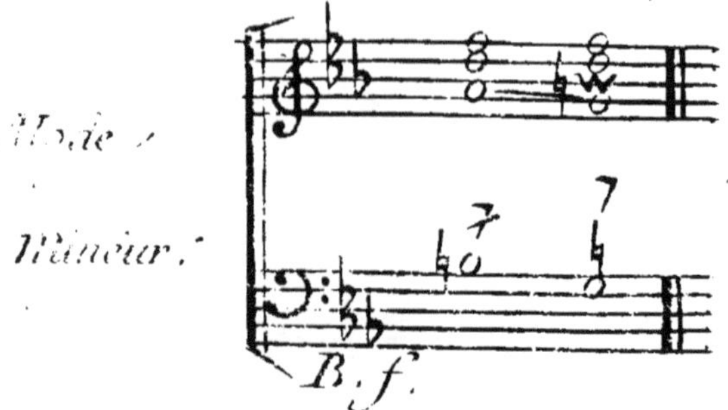

Suites dérivées.

Suites à rejetter.

Observation sur les deux Exemples précédents.

L'harmonie des Exemples 58 et 59, ne doit pas être considérée comme une vraie succession d'accords. l'Exemple 58 offre simplement ce qu'on appelle la Substitution, c'est-à-dire, l'action de substituer l'accord de Septieme diminuée de la note-sensible, à l'accord de la Dominante ; ce qui n'est autre chose qu'un échange d'accords et non une succession.

Quant à l'Exemple 59, il présente le retour arbitraire de l'accord de Septieme diminuée à celui de la Dominante, dont il tenoit la place lors de la Substitution.

On peut néanmoins regarder l'harmonie de ce dernier Exemple comme une véritable phrase harmonique, une vraie marche fondamentale, puisque la dissonance de la Septieme diminuée y est sauvée sur l'octave de la Dominante, et que la Basse fondamentale procéde par tierce en descendant, comme dans la Cadence interrompue et dans l'Imitation de Cadence interompue. (Voyez Pl. 31, 41 et 43.)

C'est particulierement dans ce sens que doit être prise la suite d'accords contenue dans la douzieme Case des suites dérivées de cet Exemple 59. On y trouve sur Sol l'accord de neuvieme dont j'ai parlé à la Page 75 du Traité des Accords, et où j'ai fait remarquer, à la Note 33, que l'accord de Septieme diminué est regardé dans ce cas comme un accord fondamental propre. Voyez à ce sujet mes Observations sur différens points d'Harmonie, Quatrieme Observ. §. 2. page 90.

Troisieme Régle de Transition.

Exemple 60 de la premiere Partie, Pl. 3.

Premiere portion de l'Exemple.

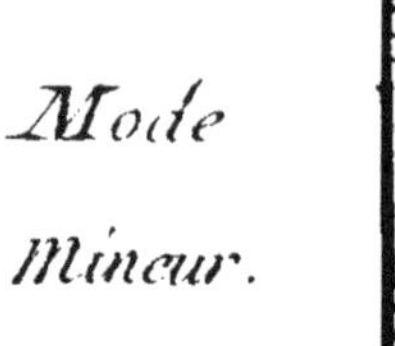

Suites dérivées

Suites à rejetter.

Seconde portion de l'Exemple 60.

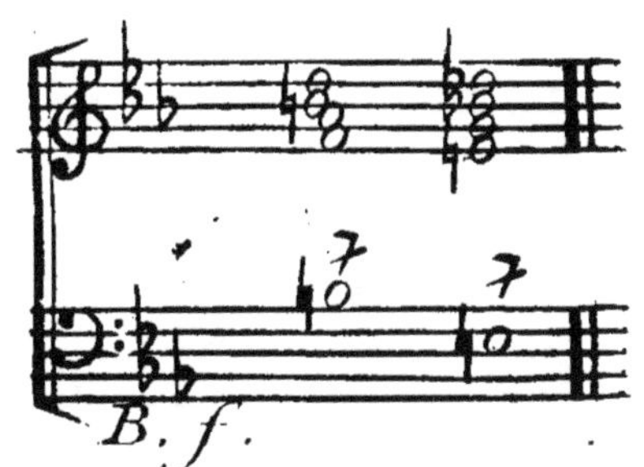

Suites dérivées.

Suites à rejetter.

Quatrieme Régle de Transition.

Exemple 61 de la premiere Partie, Pl. 3.

Suites dérivées.

Suite à rejetter.

Article Quatorzieme.

Régles de succession de la Septieme diminuée.

Exemple 62 de la premiere Partie, Pl. 3.

Suites à rejetter.

Exemple 63 de la premiere Partie, Pl. 3.

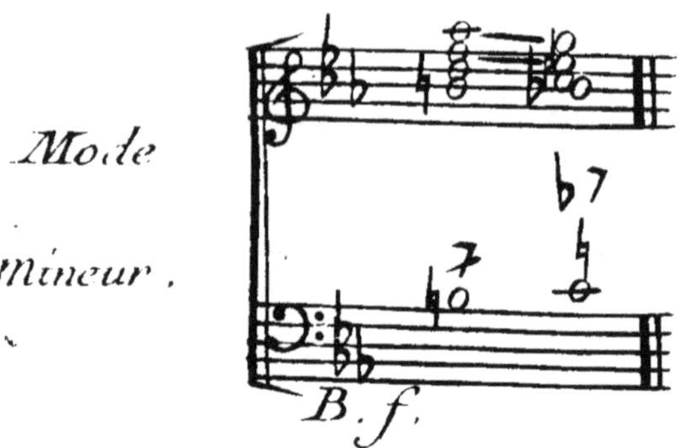

Suites dérivées.

Suites à rejetter.

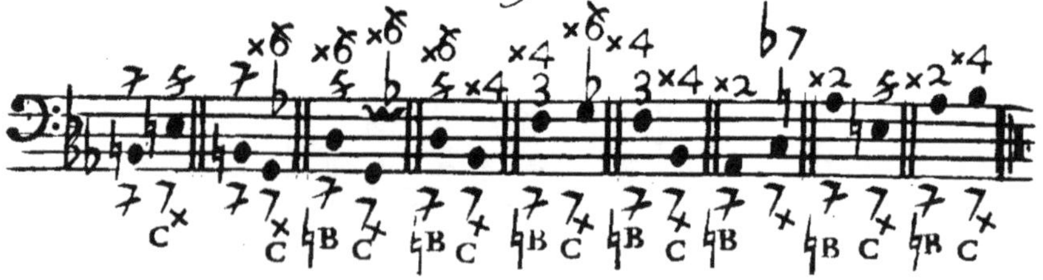

Exemple 64, Pl. 3.

Exemple 65 de la premiere Partie, Pl. 3.

Suites dérivées.

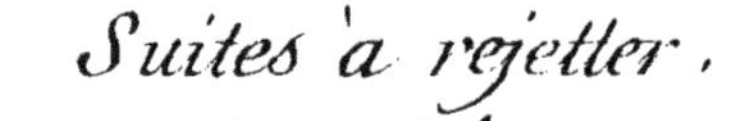

Exemple 66. Pl. 3.

Suites représentant la même harmonie.

Suites à rejetter.

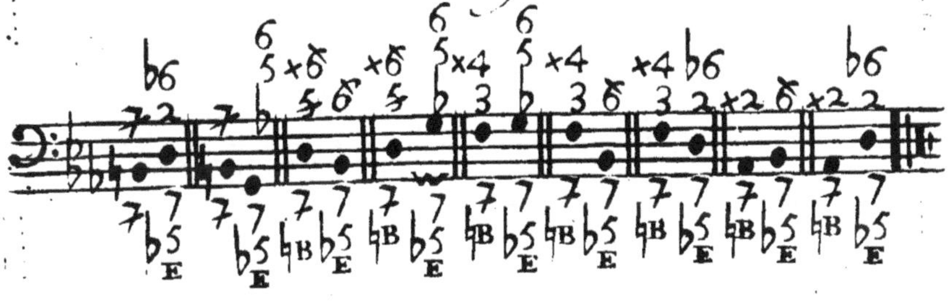

 Exemple 67 de la premiere Partie, Pl. 3.

Suites représentant la même harmonie.

Suites à rejetter.

Exemple 69 de la premiere Partie, Pl. 3.

Suites représentant la même harmonie.

Suites à rejetter.

Exemple 70, Pl. 3.

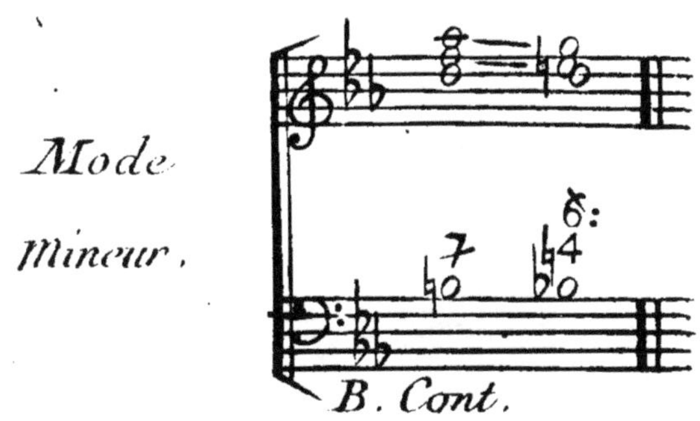

Suites représentant la même harmonie.

Article Quinzieme.

Successions de l'accord sensible avec fausse-quinte.

Exemple 71 de la premiere Partie, Pl. 3.

Repos sur la Cinquieme Note du Mode.

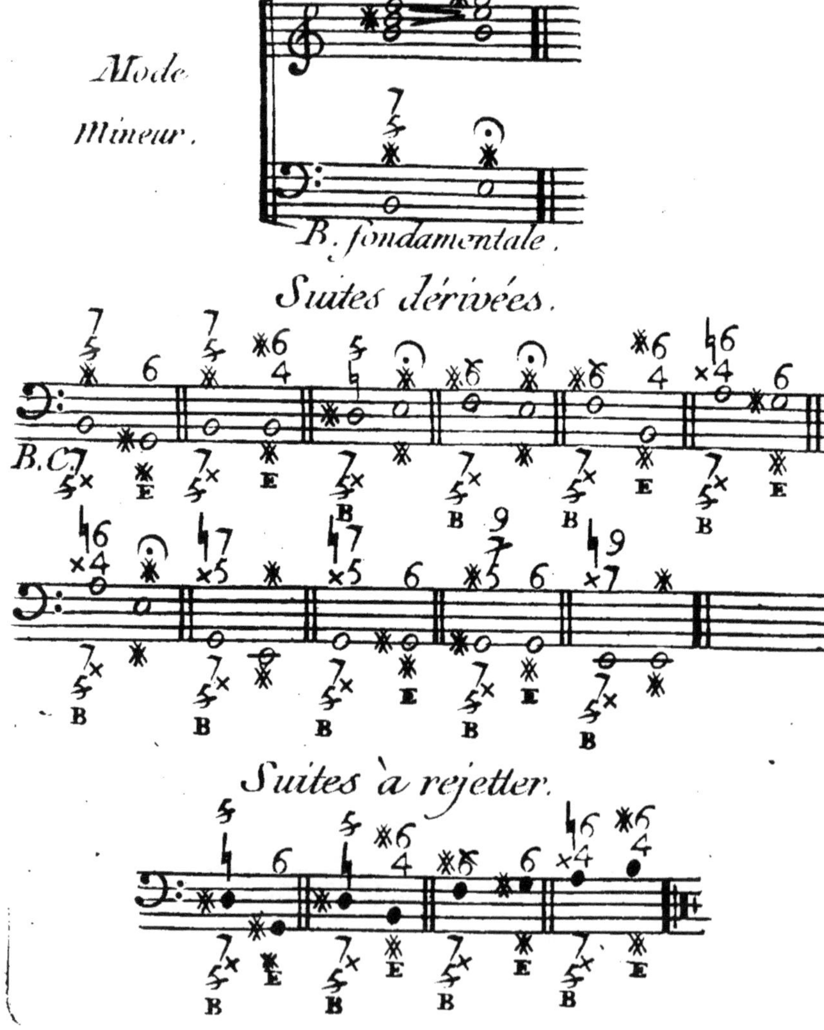

Exemple 72, Pl. 3.

Repos évité par l'accord sensible.

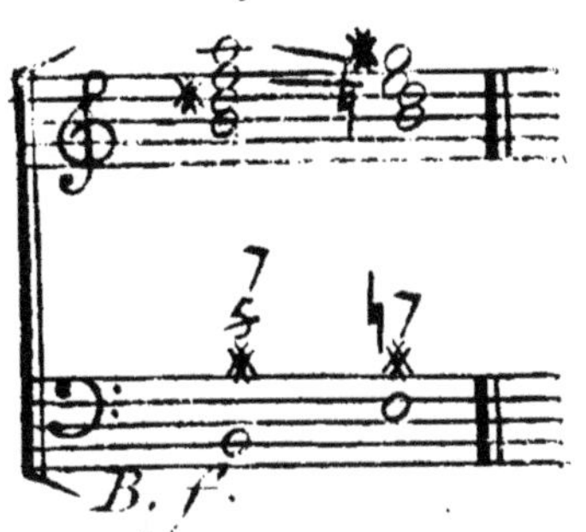

Suites à rejetter :

Exemple 73 de la premiere Partie, Pl. 3.

Repos évité par la Septieme diminuée sur la Note sensible.

Article Seizieme.

Successions de l'accord de Septieme et tierce diminuées.

Exemple 74 de la première Partie, Pl. 3.

Repos sur la Cinquieme Note du Mode.

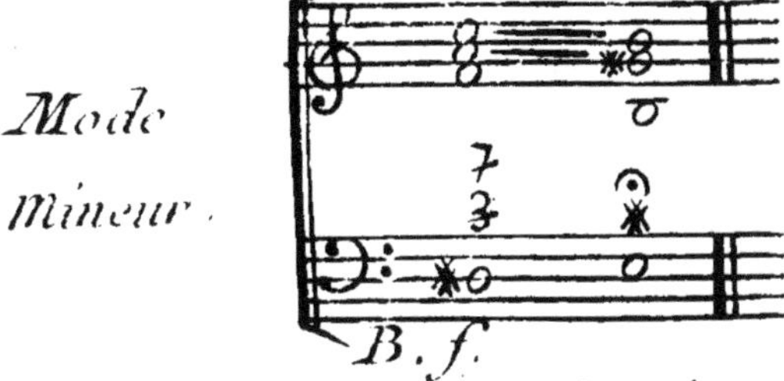

Suites dérivées.

Suites à rejetter.

Exemple 75 de la premiere Partie Pl. 3.

Repos évité par l'accord-sensible.

Mode Mineur.

Suites dérivées.

Suites à rejetter.

Exemple 76, Pl. 3.

Repos évité par la Septieme-diminuée sur la Note-sensible.

Fin des Exemples.

Exemple annoncé à la page VII. de l'Avertissement.

Suites à rejetter, prises des Planches 16, 17 et 27.

On voit par cet Exemple que la premiere Suite, marquée A, et prise de la Planche 16, n'est plus comme de sol à si, dans les trois Basses figurées qui lui répondent, mais comme d'ut à si, puisque c'est l'ut qui se fait entendre le dernier dans le premier tems de la mesure; et que dans la suite B, tirée de la même Planche, le chant n'est plus de sol à re, dans les deux premieres Basses figurées, mais comme de mi à re; et comme d'ut à re dans la troisieme.

La Suite C, prise de la Planche 17, ne présente plus, dans la premiere Basse figurée, l'intervalle de mi à sol, cet intervalle étant rempli par une note de passage. Dans les deux autres Basses, le chant se termine comme de sol à sol. Il en est de même de la Suite D, prise de la même Planche, où le chant, dans les Basses figurées, est encore comme de sol à sol.

A l'égard de la Suite E, même Planche, on voit que le passage trop dur de mi à si-bémol, devient un chant élégant dans la premiere Basse figurée, et que ce chant, de même que dans la seconde Basse, ne présente plus autre chose, selon l'harmonie, que le passage très-naturel de sol à si-bémol. Quant à la troisieme Basse, le chant s'y termine comme dans le passage plus simple d'ut à si-bémol.

Enfin la Suite F, prise de la Planche 27, et dont la dissonance, préparée par l'harmonie, ne l'est point dans la tournure du chant, devient un passage très-légitime par l'artifice des trois Basses figurées qui lui répondent, et dans lesquelles on voit la dissonance strictement préparée.

Ce peu d'Exemples qu'on a suffit aux Harmonistes intelligens pour trouver d'eux-mêmes une infinité d'autres manieres de rendre praticables certaines Suites d'accords, dont la tournure impropre ou vicieuse de la Basse empêche de faire usage.

FIN.

www.ingramcontent.com/pod-product-compliance
Ingram Content Group UK Ltd.
Pitfield, Milton Keynes, MK11 3LW, UK
UKHW021058260726
13994UKWH00002B/574

9 782329 379043